# Un anjel y un demonio
## o
# El valor de un juramento

Un anjel y un demonio
o

# El valor de un juramento

Novela original de la señorita argentina
Dª. MARGARITA RUFINA OCHAGAVIA

Edición paleográfica, estudio y notas
por

**Beatriz Curia**
(Conicet-UBA-USal)

y **María Carolina Sánchez**
(Conicet – UNT)

Esta publicación se realiza en el marco del subsidio PIP 1027
del Consejo Nacional de Investigaciones Científicas y Técnicas
(Conicet)

Ochagavía, Margarita Rufina
Un anjel y un demonio ó El valor de un juramento / edición científica por Beatriz Curia y María Carolina Sánchez. - 1a ed. - Ciudad Autónoma de Buenos Aires : Teseo, 2015.
154 p. ; 20x13 cm.
ISBN 978-987-723-042-0
1. Literatura Argentina. I. Ochagavía, Margarita Rufina II. Sánchez, María Carolina III. Curia, Beatriz, edit.
CDD A860

Imagen de tapa: (CC ) Fondo Antiguo de la Biblioteca de la Universidad de Sevilla, recorte de "Dança", Flickr 2010

© Editorial Teseo, 2015

Buenos Aires, Argentina

ISBN 978-987-723-042-0

Editorial Teseo

Hecho el depósito que previene la ley 11.723

Para sugerencias o comentarios acerca del contenido de esta obra, escríbanos a: **info@editorialteseo.com**

**www.editorialteseo.com**

# ÍNDICE

**Estudio preliminar**..................................................................9

**UN ANJEL Y UN DEMONIO o /**
**EL VALOR DE UN JURAMENTO./**
Novela original/
de la señorita argentina /
**Dª. MARGARITA RUFINA OCHAGAVIA.**...........................49

## Estudio preliminar

Hacia mediados de la década de 1850 se asiste, dentro del mundo literario argentino, a la emergencia de obras escritas por mujeres. Se trata de la instancia inicial de una tradición de producciones literarias femeninas, asociada por antonomasia a los nombres de Juana Manuela Gorriti, Rosa Guerra, Juana Manso y Eduarda Mansilla.[1] Esta pléyade de autoras, cuyas publicaciones fueron registradas en las sucesivas versiones de la historia literaria nacional, debe completarse con otras dos figuras caídas en el olvido: Mercedes Rosas de Rivera y Margarita Rufina Ochagavía.

Respecto de la primera de estas escritoras, Beatriz Curia conjetura que la postergación de su obra no ha sido ajena al hecho de "su pertenencia a la familia Rosas" (2010: 11). Quizá por esta filiación, su figura aparece en varios testimonios de época. A través de ellos se sabe que la dedicación a las letras por parte de la hermana del Restaurador era conocida y objeto de comentarios no siempre favorables, posiblemente por su condición de escritora federal.[2]

---

[1] A estos nombres puede añadirse el de Mariquita Sánchez de Thompson: "Mariquita concibe y practica la escritura como signo distintivo de los hombres y las mujeres de una incipiente república de las letras americanas. La escritura manuscrita y la circulación de las cartas entre un círculo de lectores elegidos constituyen su forma de participación en el mundo de la cultura literaria de su época" (Batticuore, 2005: 193).

[2] Curia hace referencia, por ejemplo, a las descalificaciones de las que Mercedes fue objeto por parte de José Mármol, quien satirizó su figura en *Amalia* (2010: 13).

Su labor literaria se compone de dos novelas: *María de Montiel* -reeditada por Curia en 2010- y *Emma o la hija de un proscripto* (1863) -en proceso de reedición también a cargo de dicha investigadora-, a las que se suman unas memorias, extraviadas en el presente.

El otro caso, el de Ochagavía -cuya novela *Un anjel y un demonio o el valor de un juramento* ofrecemos reeditada en el presente libro-, resulta mucho más enigmático, no solo a causa de los escasos datos biográficos disponibles sino también por el hecho de que solo ha escrito una novela. Este paso fugaz por el mundo de las letras despierta muchos interrogantes: ¿cómo se engendró su vocación literaria?, ¿cuál fue su educación?, ¿por qué no ha continuado su carrera o, al menos, no existen testimonios de que lo hiciera?, ¿su desaparición de la escena literaria guarda relación con las dificultades de la mujer para afirmarse como autora? Las respuestas son, por ahora, de índole provisoria e hipotética.

Teniendo en cuenta algunas de las referencias a sí misma deslizadas por Ochagavía en el prólogo donde presenta a los personajes de su ficción, se conoce, por ejemplo, la edad que tenía al momento de presentar su novela a la sociedad, cuando, disculpándose por las imperfecciones, expresa: "acabo de cumplir diez y siete años" (1857: 4). Sobre la base de esta afirmación se puede deducir que su año de nacimiento podría fijarse en 1840 y establecer que su infancia transcurre durante el Gobierno de Rosas. Otro dato proporcionado escuetamente y que reviste interés permite conjeturar una probable filiación familiar unitaria y una educación defectuosa, como se infiere del siguiente comentario: "En cuanto á mis estudios, son ningunos; pues he sido criada en la emigracion, que no es muy á propòsito para estudiar, sino para aprender á sufrir" (4).[3]

Aparte de estos comentarios autobiográficos, existen otras dos referencias que completan el perfil de Ochagavía como sujeto histórico. Una de ellas proviene de un cruce de datos efectuado por Hebe Molina, quien, recogiendo de Alejandro Parada la noticia sobre la existencia, hacia 1824, de una tienda de libros llamada "Ochagavía" y conocida a partir de anuncios de *La Gaceta Mercantil,* supone un potencial parentesco entre la novelista y los dueños del negocio (2011a: 35). Susana Zanetti también menciona esta librería: "En Buenos Aires había cinco librerías en 1830, año de la fundación de la tradicional Librería del Colegio porteña, a las que se sumaban el librero Usandivaras y la tienda Ochagavía, donde se podían encontrar libros y periódicos" (2010: 128). Si fuera posible verificar un vínculo consanguíneo con los dueños de ese comercio, se podría pensar que la iniciación de nuestra autora en la escritura literaria puede haber surgido del contacto con ese mundo de libreros.

La otra referencia certera es su actividad asociativa, práctica que se desarrolla vigorosamente durante el período de la Organización Nacional.[4] Según ha señalado Molina, Ochagavía es uno de los escritores "bisoños" que, hacia 1856, tienen como maestro a Ángel Julio Blanco (2011b: 100)[5] y que en 1858 forma parte de El Ateneo del Plata,

---

[3] Ya dentro de la novela, una intervención del narrador parece plasmar este dato biográfico: "Pero nosotros que no hemos pasado del hospitalario y alegre Montevideo y no viage por gusto sino por fuerza á causa de la emigracion à que infinidad fuimos sujetos" (1857: 61).

[4] Tal como afirman Molina (2011b) y Eugenia Ortiz Gambetta (2013) durante el período de la denominada Organización Nacional se despliega una intensa actividad asociativa que, bajo la forma de sociedades de lectura, dio lugar en muchos casos a la publicación de revistas literarias.

[5] Blanco se muestra interesado en las actividades colectivas. Debe mencionarse su participación como redactor de *La Ilustración Argentina*

un círculo de escritores promovido por Heraclio Fajardo con el propósito de contribuir al progreso de la nación. La agrupación, en la que se dan cita "los intelectuales más relevantes del momento, teniendo en cuenta los que han permanecido en Buenos Aires" (2011b: 104-105),[6] se circunscribe a lo puramente literario. De esta concurrencia en la sociabilidad literaria, es lógico suponer que la escritora haya absorbido los principios demandados a la producción novelística de la época.

El último registro de su pasaje por los círculos letrados consiste en la reseña crítica de su novela a cargo de Francisco Bilbao aparecida en *Revista del Nuevo Mundo*.

> La novela en las sociedades americanas, presenta un grandísimo inconveniente, especialmente la novela contemporánea. Ese inconveniete (sic) es la pequeñez de las almas y pasiones; -las pasiones imitadas de romances europeos, como lo son los muebles, modas y costumbres, adoptadas ciegamente, sin personalidad, porque la personalidad es muy pequeña.- Si hay dramas y pasiones en América, es en el pueblo. La señorita Ochagavia ha olvidado ese elemento. He ahi porque sus personages son frios, aunque las situaciones son dramáticas. (...)
> 
> Los elementos del drama en América están en el pueblo, están en la lucha de la religion de la edad media con la filosofia, y más que todo, en las aspiraciones de la inmortal juventud que busca el camino de la verdad (Bilbao, 1857: 332).

---

entre 1853 y 1854 y luego, hacia 1856, su carácter de secretario del Club Parroquial de Monserrat, una agrupación cuyo propósito es producir adelantos en el orden moral. Este año y los dos siguientes, publica *Una venganza funesta. Novela original* (1856), *Emeterio de Leao, continuación de una venganza funesta. Novela original* (1857) y *Luis y Estevan* (1858), narraciones que lo convierten en el referente de una generación interesada en escribir romances.

[6] Acerca de los escritores nucleados en el Ateneo del Plata y el devenir de la agrupación, véase Molina *Como crecen los hongos...*, pp. 104-105.

Las ideas del chileno, un ferviente ilustrado en su lucha contra el catolicismo, demandan a la obra de Ochagavía una dimensión ausente. Es posible que estas apreciaciones reforzaran esa invalidación de sí misma respecto a su visión de la sociedad cuando en el prólogo afirma: "no he tenido tiempo suficiente para estudiar la sociedad en todas sus faces. Solo la entreveo" (1857: 4). Obsérvese que la reseña no hace mención a la condición femenina de la autora como tampoco repara en los contenidos específicamente útiles para las mujeres que la novela transmite: su advertencia a jóvenes incautas sobre las trampas del seductor.

### La novela en el período 1838-1872, una respuesta a una coyuntura histórica

Punto de partida necesario para una apreciación adecuada de *Un anjel y un demonio…* es su contextualización en el marco de la producción novelística del siglo XIX argentino. Es justo recordar que la narrativa del país correspondiente al mencionado período fue objeto de los pioneros estudios de Antonio Pagés Larraya, Paul Verdevoye, Raúl Castagnino, Félix Weinberg, entre otros. Ediciones y estudios más recientes fueron publicados por María Rosa Lojo y colaboradores.

Desde 1980, Beatriz Curia –con sucesivos equipos de investigación– viene realizando un rescate sistemático de la narrativa argentina, con sus ediciones críticas de *Amalia*, la novela paradigmática de José Mármol, y de otros textos narrativos desconocidos o no reeditados correctamente, como es el caso de las novelas de Miguel Cané (p.) y la de Margarita Ochagavía que hoy recobramos juntas.

Ese horizonte adquirió una sólida definición gracias a la investigación de Hebe Beatriz Molina en *Como crecen los hongos* (2011), cuyo aporte reconfiguró el estado de la cuestión relativo a la emergencia de la novela en el sistema literario nacional, en la medida en que las operaciones selectivas propias de la constitución del canon y las posteriores historias literarias –incluso los casos de revisiones más recientes–[7] habían instalado como premisa la exigua práctica del género, corrientemente ligado a los nombres de Bartolomé Mitre, Miguel Cané (p.), José Mármol, Vicente Fidel López, Juan María Gutiérrez y las cuatro mujeres antes mencionadas: Juana Gorriti, Eduarda Mansilla, Rosa Guerra y Juana Manso.

Interesada en reconstruir un circuito dinámico y sincrónico en el que el género novelesco arraiga en el sistema literario argentino, Molina restablece un cúmulo de sus manifestaciones caídas en el olvido, cuya existencia había sido ya registrada en comentarios deslizados por Ricardo Rojas (1917-1922), en los relevamientos parciales efectuados por los investigadores pioneros ya nombrados y en las ejemplares recopilaciones de títulos y autores llevadas a cabo por Myron Lichtblau (1959 y 1997). Molina recupera, en total, ochenta y seis novelas y novelitas correspondientes a cuarenta y tres escritores, en las que identifica principios poéticos y tramas predominantes. Su relevamiento cubre un período comprendido entre 1838 y 1872, esto es, desde la aparición de la primera novela *Una historia* de Miguel Cané (p.) (Curia, 1996), hasta la publicación de *Martín Fierro* (1872) y la consecuente modificación de la narrativa.

La prohibición del género en tiempos coloniales no había impedido que el público tomara contacto con varias

---

[7] Siguiendo el estado de la cuestión bosquejado por Molina (2011) y también por Eugenia Ortiz Gambetta, tres hitos importantes en el diseño del panorama de las letras nacionales –la inaugural *Historia de la literatura argentina* (1917-1922) de Ricardo Rojas, la colección *Capítulo, Historia de la literatura argentina* (1968) y la *Historia crítica de la literatura argentina* (2003) dirigida por Noé Jitrik– han concluido por conformar el reducido canon decimonónico de novelistas.

novelas españolas o de otra procedencia.[8] Ya durante los primeros años de vida independiente las librerías se proveyeron de estos textos del gusto de los lectores y hacia 1830 el folletín se instalaría como iniciativa periodística.

Si bien estas historias ficticias ocuparon un lugar privilegiado como objeto de lectura, el pasaje a la producción local no está exento de prejuicios ligados a "la poca aceptación del género en el ámbito español" (Ortiz Gambetta, 2013: 93). El rechazo, ligado a la inmoralidad que exhiben muchas de estas obras y el consecuente peligro de extraviar a la juventud, contrasta con otras perspectivas positivas y revalorizadoras; de ello resulta que la emergencia de la novelística argentina está precedida por un acalorado debate a través de artículos periodísticos, disertaciones académicas, prólogos, entre cuyos defensores se destacan Vicente Fidel López, Bartolomé Mitre y Domingo Faustino Sarmiento.[9]

Estos nombres, pertenecientes a la denominada "generación del 37", prepararon el camino para que, durante el período de la Organización Nacional, la novela se afianzara como género (Molina, 2008: 42). En efecto, las obras

---

[8] "El espíritu censor de la Inquisición limita el traspaso de la literatura ficcional. Sobre América se imponen normas estrictas como la Real Cédula de 1531 o los Índices de 1747 a 1807, que prohíben la entrada de diversos libros, sobre todo los de 'romance, de historias vanas y profanas' (Torre Revello 1940: 37-38); no obstante, estas normas eran evadidas frecuentemente, pues –por contrabando o escondidas en el equipaje de los viajeros– las novelas llegan a América" (Molina, 2008: 34).

[9] Entre los textos en los que constan los pronunciamientos de los escritores en torno a la novela pueden citarse el *Curso de Bellas Letras* (1845) de Vicente Fidel López, el "Prólogo" a *Soledad* (1847) de Mitre y las intervenciones desde la prensa chilena de Sarmiento entre 1842 y 1845, referidas por Susana Zanetti. También debe destacarse la labor de Cané (p.) pues su prédica consistió en ser el primer novelista argentino (Curia, 2007) con la publicación de *Una historia* (1838) a través de *El Iniciador*.

restituidas por Molina están mayormente datadas a lo largo de los años comprendidos en esta etapa, cuando una nueva coyuntura favoreció su copioso despliegue. De este modo, se rectifica la presunta exigüidad de la producción novelística del período, instituida por la crítica literaria. El adjetivo "original" que por aquel entonces aparece en la portada de algunas novelas fue usado, precisamente, para señalar que pertenece a un autor local.

El concepto de novela diseñado por los escritores del Río de la Plata reivindica como atributo esencial la moralidad y con ello se procura acallar las objeciones planteadas al género, especialmente desde sectores católicos y conservadores. Así, este nuevo rasgo resulta clave para la creación de las condiciones de aceptabilidad dentro del sistema literario y la emergencia de la producción local. La definición se completa con dos elementos también importantes: verosimilitud y utilidad. El primero de ellos hace referencia a una recreación, en una historia fingida, de una parte precisa de la realidad: la vida privada. El segundo refuerza la moralidad dado que, además de representar historias dentro del marco del decoro, la anécdota debe tender a dejar un mensaje edificante en el lector. A modo de ejemplo pueden citarse aquí las palabras de Mitre en el Prólogo a *Soledad*: "un espejo fiel en que el hombre se contempla tal cual es con sus vicios y virtudes, y cuya vista despierta por lo general profundas meditaciones o saludables escarmientos" (1847: 14).

Si bien el trazado de esta poética prosigue en algunos aspectos los manuales de retórica española de principios del siglo XIX, el consenso establecido implica un acto de independencia cultural en la medida en que, como ha visto Molina, "los novelistas adaptan un producto importado a las necesidades políticas de organizar la nueva nación" (2008: 44). No debe perderse de vista que el contexto de producción de este debate en torno a la novela tiene como trasfondo una situación histórica precisa, señalada por la puesta en marcha del proyecto de edificar el estado-nación argentino. Esta cuestión introduce la consideración del vínculo entre literatura y proceso social. Partiendo de los señalamientos de Pavel Medvedev (1994) respecto al hecho de que la singularidad de la literatura como expresión ideológica consiste en su capacidad para absorber ideologemas de otras esferas de la vida social, es posible advertir la imbricación y el diálogo entre los códigos artísticos y aquellos aspectos conflictivos de su tiempo. Luego de la caída de Rosas, los letrados, no solo los proscriptos sino una nueva generación activa, asumieron el cometido de "civilizar la sociedad" (2011b: 97),[10] enseñar el ejercicio de derechos atropellados por la tiranía y aleccionar sobre las costumbres a un pueblo visto como atrasado, y, tal como señala Susana Zanetti, la novela forma parte de este intento:

> A pesar de las reservas morales, un sector de las elites confiaba en que los folletines (y las novelas) podrían lograr mayores y más amplios efectos en el conjunto de la población alfabeta y urbana que los otros discursos que se proponían aleccionar acerca de los modelos de sociabilidad y de familia convenientes para las flamantes naciones que intentaban cumplir una rápida modernización y consolidación del estado nacional (2010: 107).

Todo este movimiento está atravesado por la conciencia entre los políticos escritores respecto de la necesidad de modelar a sus compatriotas, cimientos para plasmar su proyecto de nación. En este sentido, María Fernanda

---

[10] De acuerdo con las fuentes historiográficas, se trata de una época en la que no solo se pone en marcha una política educativa institucional desde el Estado, sino que también se asiste al florecimiento del periodismo, la fundación de bibliotecas, el incremento de las imprentas y a una intensa actividad asociativa que, bajo la forma de sociedades de lectura, dio lugar en muchos casos a la publicación de revistas literarias (Eujanián, 1999).

Lander ha interpretado un corpus de novelas sentimentales hispanoamericanas a la luz de una hipótesis formativa del sujeto y a la vez ha puesto en diálogo estas obras con los manuales de urbanidad que proliferan en el período para concluir que el "proyecto modelador del sujeto civilizado de los manuales, encontró en la novela de temática sentimental su medio de representación ficcional" (2003: 16).

Resta indicar que la obra que a continuación se reedita forma parte del patrimonio restablecido por Molina. También debe señalarse que *Un anjel y un demonio o el valor de un juramento* es clasificada dentro del tipo "novela socializadora", categoría propuesta por la investigadora para una de las tendencias predominantes en el voluminoso corpus recuperado. Compartiendo la moralidad y el didactismo con el resto de las obras del género durante este período, las novelas socializadoras se proponen "analizar aspectos de la realidad cotidiana, sobre todo sus costumbres o hábitos generalizados que originan conflictos sociales, a fin de detectar el problema, sus causas y consecuencias" (2011b: 317). La crítica constructiva y la indicación del camino correcto a los lectores, constituyen una manera de apuntalar a la nación en ciernes y dan cuenta del compromiso de Ochagavía con la fundación de un orden social armónico.

## *Un Ánjel y un demonio o el valor de un juramento*, una advertencia a las jóvenes incautas

Desde el título mismo de la novela, Ochagavía revela dos identificaciones contrapuestas que constituirán, respectivamente, la característica moral predominante de los dos personajes femeninos protagónicos: Alicia (la joven angelical) y Clemencia (una coqueta septuagenaria diabólica). La parte restante del título, que comienza con la conjunción "o",[11] anuncia otro rasgo moral asociado en el texto con los dos personajes masculinos de mayor relieve en la historia y también antagónicos en sus valores: Octavio (seductor que prodiga falsas promesas) y Telémaco (un joven que respeta los compromisos contraídos). Esta interpretación del título tiene sustento en los comentarios de la voz narradora, la cual se refiere a las dos mujeres a las que Octavio mantiene ilusionadas, a partir de tales identificaciones: "Hacia un instante al lado de un ángel, y ya estaba al de un demonio!" (21). En otro pasaje formula una reflexión de contenido similar, censurando la conducta del seductor: "prodigaba amabilidades y contentos á la vez, al inocente y puro ángel y à la infernal vieja" (23). El valor de un juramento es también un eje que recorre la trama a través de comentarios directos por parte del narrador o como tópico de reflexión o de diálogos de los personajes. En dos capítulos sucesivos, "El juramento à una madre moribunda" y "La lòjica de un malvado", los dos personajes masculinos protagonistas, Telémaco y Octavio, despliegan sendos monólogos manifestando los modos de asumir las declaraciones de amor y el compromiso sentimental contraído con una joven.

De la fórmula sintetizada en el título, se vislumbra un universo moral contaminado por dos vicios igualmente perjudiciales, encarnados a la vez en dos tipos humanos correspondientes a cada sexo: la coqueta y el libertino. Sobre estos comportamientos recae la crítica de un narrador, cuyos juicios y perspectivas traslucen a una autora implícita completamente involucrada con el conflicto que trata. Como ha visto Lander, estas novelas "no brindan la oportunidad, aparentemente, para ningún otro tipo de interpretación que no sea la prefigurada por sus autores"

---

[11] Debe advertirse que el uso de la conjunción "o" del título no tiene un valor disyuntivo sino aditivo (DPD-DRAE).

(2003: 34). El didactismo modela el mensaje con el objetivo de garantizar su aceptación y de impedir la posibilidad de cuestionamiento. Son textos monológicos en los que el narrador ejerce una tutela absoluta sobre el lector.

En su análisis de *Un anjel y un demonio,* Molina ha subrayado que la trama se estructura a partir de una serie de historias románticas "basadas a su vez en triángulos amorosos" (2011a: 37). Según se indicó arriba, el título remite fundamentalmente a la tríada conformada por Alicia, Octavio y Clemencia y a la integrada por Octavio, Alicia y Telémaco. Estos personajes, que protagonizan el conflicto principal, se asocian de la siguiente manera: Clemencia, la coqueta entrada en años, está casada con el senil Eudoro, pero mantiene un romance con Octavio, un libertino de veintidós años que finge amarla, aunque en realidad solo está interesado en su dinero. Pese a mantener una relación con Clemencia, Octavio corteja a Alicia, a quien Telémaco ama sinceramente, pero en secreto, ya que ha jurado ante una madre moribunda contraer matrimonio con su hija Ismene, huérfana y sola en el mundo con su deceso. El siguiente esquema grafica lo expuesto. Obsérvese que los personajes que deliberadamente engañan a otros son Clemencia y Octavio. En el primer caso, Clemencia mantiene a su marido en la creencia de que Octavio reside con ellos a causa de un afecto amistoso entre ambos. El otro caso corresponde al de un seductor que miente respecto de sus sentimientos a las mujeres de manera sistemática.

Eudoro → Clemencia → Octavio
Clemencia → Octavio → Alicia
Octavio → Alicia → Telémaco
Alicia → Telémaco → Ismene

Las historias secundarias son la de Ismene y Eteocle, y la de Alfredo, hermano de Alicia, y Erlinda. En la primera de ellas, Ismene, luego dar muestras de su bondad liberando a Telémaco de un compromiso matrimonial fundado en un sentimiento fraternal, conoce a Eteocle y encuentra junto a él la felicidad y la protección ansiada por su difunta madre. Por su parte, Alfredo y Erlinda celebran, al poco tiempo de conocerse, su boda, contraída a partir el mutuo amor entre ambos. Tanto ella como su madre han debido rechazar previamente la propuesta matrimonial de Diocleciano, un pretendiente engreído, recién llegado de un viaje por Europa.

Lo fundamental de esta trama repleta de historias románticas es la condición moral de los personajes, pues este componente posee una incidencia directa no solo en el planteamiento de los conflictos que atraviesan, sino también en el destino feliz o desdichado de cada uno de ellos. En la caracterización de los héroes como encarnación de virtudes o de vicios en estado absoluto, reside uno de los recursos de la novela socializadora, dado que su propósito es ofrecer modelos socialmente positivos de comportamiento, idealizados, sin fisuras, y advertir sobre las consecuencias de las conductas desviadas.

Los personajes que intervienen en la historia pueden agruparse en pares opuestos en cuanto a su dimensión espiritual. Clemencia es contraparte fundamentalmente de Alicia, pero también de las demás jóvenes virtuosas del texto. La coqueta, casada por interés, infiel y adicta a las conquistas, representa las antípodas de la mujer incauta, pura, solidaria y de sentimientos amorosos auténticos. Un campo semántico alrededor de lo demoníaco y lo angelical sirve para reforzar la caracterización que enfrenta a la mujer perdida con las virtuosas.

La antítesis moral tiene su correlato en el orden de los cuerpos. Físicamente, las jóvenes puras son bellas, armoniosas, de rasgos delicados, mientras la viciosa no posee ninguna gracia y es objeto de comentarios jocosos por parte del narrador y de algunos personajes. Se la retrata, así, en los siguientes términos: "El otro viviente era una vieja de repugnante aspecto, semejante á un espectro que se alza de la tumba" (6).

Ambos de buena presencia, los personajes masculinos protagónicos contrastan moralmente en lo que atañe a su actitud hacia el compromiso sentimental y al tratamiento respetuoso de la mujer. Octavio, el disoluto, se conduce con hipocresía. Según lo expresado por el narrador "era diestro en el arte de enamorar" (11). Su diversión favorita consiste en jugar con los sentimientos de las damas inexpertas y su arma es la falsedad. Sin escrúpulos, se procura dinero y bienestar de manos de una coqueta muchos años mayor que él, a la que la engaña con lisonjas. Es despiadado en su burla de la buena fe de las jóvenes, pues su sufrimiento no le ocasiona inquietud alguna. La siguiente descripción de su conducta por parte de la voz narradora pone de manifiesto los móviles de su conducta:

> Y se asombraràn nuestros lectores de que este jòven profesase ó finjiese este amor á una vieja septuajenaria, pero ya sabrán la causa de ese amor.
> Era porque sus bolsillos no estaban abundantemente provistos para las bacanales y orjias que nuestro leon frecuentaba.
> Y como no tenia ni por acaso la menor sombra de delicadeza, apelaba à cualquiera cosa sin eleccion, con tal que le proporcionara medio de consistencia.
> Hacia negocio con la juventud y belleza con que la naturaleza lo habia dotado (15).

Telémaco, por el contrario, ha proferido un juramento por piedad: desposar a la hija de una madre moribunda, pues solo siente hacia la joven prometida un cariño fraternal. Enamorado de Alicia, su conflicto moral consiste, según el narrador, en una "atroz lucha entre su honor y su amor" (44). El sentimiento de culpabilidad ante la necesidad de cancelar su compromiso, deja entrever su noble corazón, porque se responsabiliza ante la consecuencia de sus actos:

Y con su amor reciente pero fuerte y verdadero hacia aquel ser aereo y divinal, lleno de encanto y poesìa, que le atraia por una fuerza irresistible, no podia olvidarlo un instante. Pero repentinamente se le aparecia su promesa. Horribles momentos! una intensa desesperacion sentia, que le desgarraba el pecho royéndole las entrañas (45).

La antítesis entre ambos personajes puede apreciarse incluso en los pasajes en que ellos mismos plasman su pensamiento franqueando el acceso a su intimidad. Octavio, además, puede volcar todo su cinismo en conversaciones con su amigo Osvaldo, otro calavera más experto que él.

Un aspecto llamativo en varios personajes son sus nombres, que remiten a figuras de la Antigüedad Clásica, tales como Diocleciano, Eudoro, Telémaco, Ismene, Eteocle, Minerva. Más allá de constituir un indicio de la enciclopedia de Ochagavía,[12] en algunos casos parecen aludir al destino del héroe. Como es sabido, Ismena y Eteocles son, en la mitología, hijos de Edipo y Yocasta y, por lo tanto, hermanos. En la novela de Ochagavía, los personajes casi homónimos de los griegos también están unidos por un vínculo consanguíneo directo: son primos. Ambos quedan solos, lo cual los acerca e influye en su voluntad de contraer

---

[12] Con agudeza, Molina advierte: "el nombre dado a los personajes nos habla de su contacto con las novelas porteñas, en las cuales abundan los Octavios, los Alfredos y las Alicias; pero también revela su educación basada en antologías de textos clásicos, instrumento pedagógico fundamental de los maestros por aquel entonces, de donde Margarita elige los nombres propios de la Antigüedad. La Ismene según Ochagavía conserva algo de la debilidad de carácter del personaje sofocleano; su Eteocle sólo es herido en una batalla, motivo que le permite conocer a Ismene; y su Diocleciano no ha afianzado imperios ni perseguido cristianos: su único *mérito* es haber viajado por Europa. La alusión a Telémaco es más compleja ya que en la Buenos Aires de 1850 circulaba la historia del hijo de Ulises según dos versiones: la de la *Odisea* y la de *Las aventuras de Telémaco*, el texto pedagógico con que Fénelon educó al Duque de Borgoña a fines del siglo XVII y que se vendía en las librerías porteñas desde la década de 1820" (Molina, 2011a: 39).

nupcias. El otro nombre, Minerva, será abordado más adelante, en el apartado "De lectoras y escritoras".

Tal como se ha señalado más arriba, el destino de los personajes depende de la valoración moral de sus actos, pues el mundo narrado está regido por una dimensión "invisible", asociada con la providencia divina, encargada de aplicar justicia. La historia desarrollada se sustenta en la convicción de que el vicio termina mal e implica un castigo y de que el bien trae aparejado un final feliz. Los autores de la época depositaban en esta clase de desenlace y de resolución del conflicto la eficacia de la novela para convencer al lector respecto de la adopción de la virtud.

La intervención de una fuerza sobrenatural en la trayectoria de los héroes es explícitamente aludida por el narrador, pues es el factor desencadenante de los acontecimientos. Así, cuando Alicia envía flores para un amigo enfermo, que Octavio había inventado como pretexto para retirarse de su visita, y él a su vez se las da como obsequio a su amante Clemencia, las flores no solo se marchitan por la atmósfera insalubre, sino que provocan una dolencia en la nariz de la coqueta.

> No adivinando la causa de aquel horrible dolor, desde ese instante se le declaró una horrenda y penosa enfermedad.
> Era una mano invisible! Tal vez que vengaba aquel ultraje hecho á la virtud por aquel hombre (22).

En efecto, se conoce en el epílogo que Clemencia muere por causa de esta enfermedad, "la misma que la lleva à la tumba, desfigurándola horrorosamente, pues es en la nariz" (103). La coqueta termina sus días en un hospital de beneficencia recogida por la caridad pública, sus bienes materiales invertidos para atraer un romance ilícito se han perdido y es llevada a la sepultura en un carro fúnebre cubierto de miseria. La intervención en este final de la providencia divina o instancia superior que obra como un tribunal que define el devenir en función de la conducta es puesta de relieve por la narradora: "Ahora que ya saben nuestros lectores el miserable fin de Clemencia, que por sus vicios se lo labró, pues existe una justicia invisible á quien no escapa nadie" (103). Lo mismo sucede en el caso de Octavio, quien planea vengarse por el rechazo de Alicia y el narrador señala: "No creia que una mano invisible tiraria al suelo sus castillos de cartas". El libertino acaba exiliándose de la sociedad y trabajando de peón en el viejo continente pues había extraviado en el viaje los bienes que llevaba con él. Por el contrario, los personajes virtuosos obtienen su felicidad en alianzas matrimoniales contraídas por amor: "Recibiendo el galardon que cada uno merecia por su perfecta conducta" (100).

A través de la trama expuesta puede conocerse la opinión de la propia Ochagavía sobre sus contemporáneos porteños. Lo que la autora con sus pocos años logra entrever la lleva a pintar un mundo de apariencias en el que las palabras "civilización" y "sociedad" asisten a la pérdida de su verdadero sentido. Las prácticas de sociabilidad admiten la hipocresía, lo cual contamina el aire que respiran los seres puros de la comunidad, infligiéndoles daños profundos. El vicio imperante es descripto como una atmósfera putrefacta –imagen recurrente en el texto– que marchita las flores. Es también el mal ejemplo que se expande hacia nuevos individuos.

> Civilizacion! Hermosa palabra por todos estilos, pero que hoy sirve de salvaguardia à toda clase de maldades que se cometen.
> Bajo su credo social, el libertino audaz seduce a la incauta niña, y la coqueta desenvuelta hace caer en sus redes à jóvenes inespertos.
> Sociedad! esa es otra que solo sirve para que vayan multitud de seres á respirar esa atmósfera corrompida, cual uno de esos venenos que matan aunque lentamente.

Tal vez la conducta que se va desenvolviendo en nuestro héroe sea la causa el haber desde muy jòven respirado esa misma atmósfera (9).

Teniendo en cuenta la orientación de los comentarios del narrador podría pensarse que la intencionalidad de su autora es precaver a las cándidas jóvenes sobre los peligros de su excesiva credulidad, que las lleva a tomar por ciertas las palabras de amor, sin analizar el valor de verdad depositado por quien las profiere. Ochagavía parece intentar ponerlas sobre aviso respecto de las tretas del seductor y protegerlas del desengaño. No puede dejar, asimismo, de notarse en torno de esta cuestión que los personajes femeninos, al igual que la escritora, pertenecen a la misma franja etaria. Es quizás a causa de esta voluntad de prevenir a su propio sexo que se observa un mayor ensañamiento por parte de la autora con la figura masculina del seductor.[13] Tras esta recomendación se evidencia incluso cierto encono hacia los hombres, probablemente debido a malas experiencias de la autora o de sus semejantes y no solo una advertencia moral:

Cuidad, jóvenes, no creais esos juramentos, esas promesas mirad que son falsas, mirad que cuando os juran es vuestra ruina y degradacion. Reflexionad tranquilamente despues de oir, comprendereis cuan cierto es: temblad como ante un precipicio que se abre à vuestros piés para tragaros (59).

La falsedad de los juramentos de los amantes, un *leit motiv* presente en varias novelas socializadoras, puede ser

---

[13] En un pasaje, cargado de indignación, el narrador llega a negar que esos seres puedan ser llamados hombres: "Pero no, no debe llevar ese nombre [el de hombre] ese ser tan abyecto, pues esa palabra solo debe servir para especificar esa sublime obra pura y noble de la naturaleza y no para designar a un réprobo. Pero es necesario profanarla, porque si no, casi sería preciso borrarla de nuestro diccionario. Es triste, pero es preciso confesarlo" (22).

interpretado, siguiendo algunas ideas del análisis propuesto por Doris Sommer (2004), como una conducta que conspira contra compromisos contraídos, concibiendo el amor como pacto social primario fundante del orden de toda comunidad. En el naufragio de estas alianzas se avizora un orden social en decadencia, que no logra consolidarse. No obstante, debe indicarse que la dimensión política y nacional está ausente en la obra.

### De lectoras y escritoras[14]

Otra cuestión de interés en la novela de Ochagavía reside en una dimensión incluida en la representación de dos de sus personajes femeninos relativa a su vínculo con el mundo literario: los roles de lectora y de escritora. El añadido de esta característica en las heroínas no solo es una resonancia de las disputas y de las expectativas desarrolladas entre los letrados ante la política educativa emprendida desde el estado durante el período de la Organización Nacional (Eujanián, Lettieri, Bonaudo),[15] sino también constituye un lugar en el que la propia autora plasma tal proceso desde la experiencia femenina. Es conveniente entonces analizar estas figuras de lectora y escritora para profundizar en la mirada de Ochagavía sobre la cuestión de la lectura y autoría femenina.

---

[14] Este apartado recoge ideas expresadas por María Carolina Sánchez "Personajes lectores en la novela de la Organización Nacional", *Revista de Literaturas Modernas*, núm 44, ene-jun 2014, Mendoza, Instituto de Literaturas Modernas, Facultad de Filosofía y Letras, Universidad Nacional de Cuyo, pp. 123-145.

[15] Respecto al tema de la expansión de la lectura, debe precisarse que se trata solo de una relativa ampliación, aunque de igual modo debió incidir en las previsiones de los escritores.

Alicia, concebida como la protagonista de la novela, es también una lectora. En una escena, esta joven ejemplar dialoga con su madre acerca de los libros convenientes para una biblioteca. Sin hacer referencia concreta a obra alguna, el énfasis está puesto en el contenido moralizador que la madre destaca como valor recomendable. La respuesta de ella sintoniza con la perspectiva materna, a la vez que añade un comentario respecto a la forma en que experimenta la lectura:

> Esa tarde estaban madre é hija sentadas en el salon, Alicia leia una produccion de un escritor desconocido, la madre le decia:
> —Atended, bien hija mia, mirad que eso encierra una moral y doctrina amena y perfecta. Ojalá de esos libros siempre estuvieren pobladas nuestras bibliotecas, la moral de ese libro se introduce en los jóvenes corazones fácilmente como es tan fina y delicada.
> La jóven contestó: Cierto madre mia, hallo en ese libro cuando lo leo algo inesplicable, las horas se me pasan inapercibidas (78).

El episodio puede ser visto como un recurso de incitación a la lectura femenina porque vincula su práctica no solo a un personaje que se presenta como modelo de virtud, sino también a los principios expuestos por la autoridad materna. El tema de la planificación de una biblioteca específica para la mujer sobre la base de valores morales fue, como advirtió Graciela Batticuore, una inquietud frecuente entre los escritores del 37: "estos intelectuales (...) piensan intensamente en renovar la moral femenina a través de una educación literaria especialmente programada: de ser posible mediante la creación de una biblioteca escogida y selectiva, exclusivamente diseñada para las mujeres" (2005: 41). En este sentido, debe destacarse, por un lado, la perdurabilidad de ese tópico en esta novela de la Organización Nacional; y, por otro, el hecho de que tal comentario constituye una forma de legitimación de la propia Ochagavía, cuya obra se hace eco de la demanda en la medida en que es una advertencia contra las mentiras del seductor empedernido.

Otro aspecto en el que hay que reparar en este pasaje de singular riqueza tiene que ver con la descripción del acto de leer realizada por Alicia, dado que contiene muchos de los elementos con los Roger Chartier define a la lectura moderna emergente en el siglo XVIII europeo. Según el autor, se asiste en este período a "una individualización del acto de leer convertido esencialmente en un acto de la intimidad silenciosa y solitaria" (1995: 125). En sintonía con esta tendencia, Alicia se representa como una lectora moderna, abstraída, que pierde la noción del paso del tiempo ante el placer de la lectura. La heroína conjuga así dos aspectos considerados esenciales: es una lectora competente y tiene sólida formación moral.

Menos caracterizado que Alicia, la protagonista, el personaje femenino dedicado a la escritura tiene poco relieve dentro de la trama. Solo se sabe de su vocación en el apartado "Conclusión", donde la narradora sintetiza el destino de sus personajes y la incluye para contar lo que fue de ella. Adquiere recién entonces un relieve del que no había gozado en el desarrollo de la historia, pues no ha intervenido en los distintos triángulos amorosos. Es hermana de Erlinda, la joven de quien se enamora el hermano de Alicia, y aparece caracterizada positivamente: es bella, gentil, solidaria y graciosa. Un breve comentario, vertido en un diálogo de cortesía en el que menciona a Platón, permite vislumbrar su condición de lectora. El resto de la caracterización proviene del imaginario alrededor del nombre, Minerva, que remite a la diosa romana de la sabiduría y la guerra. Si bien las labores de tejido parecen ser uno de sus dones, la Minerva de Ochagavía no se dedica a las labores manuales sino a las tramas de ficción.

Minerva amaba mucho su querida libertad, y por nada la sacrificaba aun cuando la hicieran reflexionar. Ella decia: Dejadme con mis queridos libros, pues en ellos consiste mi única dicha y felicidad. Entregàndose completamente à la literatura. Viniéndose à hacer algo que la valió algun laurel, que lo guardò relijiosamente. Tratando de aumentarlo y refrescarlo por su asiduo estudio, pues era su ambicion (100-101).

La inclusión de este personaje suscita una pregunta relativa a su carácter mediador de proyecciones de la propia autora implícita ante el ejercicio de las letras. Una comparación entre las imágenes de sí deslizadas por Ochagavía en la presentación de su libro y los rasgos de Minerva deja entrever una valoración diferenciada: en el primer caso de desestimación de sus capacidades, mientras en el segundo de reconocimiento a su labor. Un punto en común entre autora implícita y personaje de la escritora es el dominio de la mitología grecorromana. La narradora plasma en sus descripciones muchas imágenes de la Antigüedad Clásica que proceden de la enciclopedia autoral.

Partiendo del concepto de "autofiguración" introducido por Sylvia Molloy para analizar escritos autobiográficos, es posible examinar las imágenes de sí proyectadas por Ochagavía en el segmento inicial, sin título y firmado por ella, en el que, dirigiéndose al público, presenta su obra. Tal como contempla la noción propuesta, interesa explorar el modo en que la autora se autorrepresenta en función de cierta imagen que intenta propagar. En este paratexto, luego de presentar a las criaturas de su ficción, la escritora se caracteriza a sí y a su obra. La autofiguración gravita de forma insistente sobre la carencia del sujeto de la escritura. Carencia de madurez (diecisiete años) y consecuente poca experiencia de la vida (desconocimiento de la sociedad en todas sus faces) y carencia de formación (estudios, "ningunos", "sin contar con medios necesarios"). Su obra también es definida desde la negatividad "mal diseñados cuadros", "imperfecta pluma", "acopio de errores". Es frecuente en los paratextos de la época la posición retórico-discursiva de la *humilitas autorial*, en la que se escudaron muchos novelistas. No hay razones para suponer que la autofiguración de Ochagavía vaya más allá de esa convención. Los puntos de sustento para su trabajo son tanto el "atrevimiento" y la "franqueza" como la necesidad de ofrecer algo a su país.

Tal como ya se ha expuesto, la dedicación a la letras en Minerva aparece librada de esos fantasmas que conspiran contra la aspiración de publicar por parte de de las escritoras del siglo XIX (Batticuore, 2005). Se la visualiza triunfante en la mención de un galardón. Su entrega a la literatura aparece ligada a la libertad, lo que debe interpretarse como la renuncia al matrimonio. Esta institución es concebida como espacio que confina a la mujer a tareas domésticas que, en muchos casos, resultan incompatibles con la labor literaria. Podría pensarse que en esta trayectoria sin escollos Ochagavía proyecta ese anhelo de brindar una obra útil a su país así como de recibir "algun laurel". La realización de la autoría femenina en la ficticia Minerva está despejada de aquellas insolvencias con las que la propia Ochagavía se retrata.

La vocación literaria aparece reivindicada en Minerva como un destino en sí mismo para la mujer. Resulta novedoso que el ejercicio de las letras no se ubique bajo el amparo de la institución matrimonial o del convento, como lo recrea por ejemplo Mercedes Rosas en *María de Montiel*, donde solo en el espacio de la reclusión la mujer puede entablar un vínculo con el conocimiento.[16]

---

[16] La mención de cuestiones ligadas a la educación permite vislumbrar una marcada inquietud en Mercedes Rosas. Según ha visto Curia en su estudio sobre *María de Montiel*: "Lo que subsiste es el sometimiento de las mujeres a los hombres y a su rol exclusivamente doméstico, excepto el caso de que, habiendo profesado en un convento, pueda convertirse

Ochagavía inserta su personaje en el espacio público y en el rol de escritora exaltando la libertad personal femenina para elegir su futuro e integrarse a un ámbito gobernado por hombres. Tal como Molina lo ha visto:

> Minerva apenas si aparece en la novela, pero en estas pocas líneas –las últimas del texto– la novelista configura toda una historia: la joven elige leer y escribir como expresión de libertad personal, dejando de lado el matrimonio exigido por las normas sociales. Parece inevitable identificar a Minerva con Margarita Ochagavía, quien –a través de la novela– expresa su sueño de ser literata y merecer algún "laurel". Muestra así un camino factible a las jóvenes porteñas (2011a: 39).

## Buenos Aires como espacio literario

Resta indicar que a lo largo de las páginas de *Un anjel...* se descubre el Buenos Aires de mediados del siglo XIX conocido por Margarita. Se advierten sus adelantos en materia urbanística y también una serie de prácticas sociales pautadas por unas normas convencionales de sociabilidad. Las casas quintas como la de Clemencia, por ejemplo, con sus amplios espacios verdes provistos de árboles frutales, características de la zona de Palermo;

---

en una intelectual como Fernanda de la Estrella, quien posee en Madrid una importante biblioteca, talento e instrucción". Por otro lado, Sánchez ha señalado que "el acceso al conocimiento en la mujer aparece mediado por el hombre pues la instrucción de la mujer casada está en manos del marido, reproduciendo con ello una división jerárquica y patriarcal" (en prensa). El siguiente pasaje de *María de Montiel* da cuenta de ello: (...) porque de la intimidad con hombres de *instrucción*, las mujeres que tienen alguna inteligencia la cultivan y adelantan, y sucede todo lo contrario cuando se trataba con un hombre frívolo" (207). Así, la posibilidad de dedicarse al estudio aparece ligada a la vida conventual, tal como se ve en la trayectoria de Fernanda convertida en abadesa.

el Paseo de la Alameda, que fue una avenida ribereña paralela al Río de la Plata, o la mención del cementerio de la Recoleta y de hospitales, aportan valiosos datos para conocer la ciudad en los años en que transcurre la ficción.

La vida social, por su parte, parece recrear las pautas contenidas en los manuales de urbanidad respecto, por ejemplo, a las visitas o del establecimiento de lazos de solidaridad con las personas afectadas por algún mal, entre otras. En este último caso resulta evidente, más allá de las reglas, un espíritu generoso que moviliza a los personajes.

Quedan plasmados, además, aquellos comportamientos femeninos considerados recomendables, como no asistir sin la compañía de una figura responsable a los bailes ni entrevistarse a solas con galanes. Se registra en *Un ánjel...* el entretenido pasatiempo de las tertulias donde "las mujeres también hacían gala de otras virtudes: el canto y la ejecución de instrumentos, sobre todo piano, guitarra y arpa" (Prestigiacomo y Uccello, 2014: 73).

Tal vez lo más importante sea destacar que estos aspectos de la ciudad y la vida social se ofrecen –como queda señalado en estas páginas– a través de la límpida mirada de una muy joven escritora que, si bien está condicionada por su educación, su clase y su experiencia, desea una sociedad digna y responsable.

## Esta edición

Esta edición tiene como base la única edición existente de *Un ángel y un demonio o El valor de un juramento*, publicada en Buenos Aires, por la Imprenta de Mayo, en 1857. Hoy resulta casi inaccesible para especialistas y, en grado mucho mayor, para el público en general.

Hemos trabajado con el ejemplar existente en la Academia Argentina de Letras.

Ofrecemos una edición paleográfica y anotada. Se conservan las erratas del original y se indica en notas su existencia.

La edición, originalmente planeada como facsimilar y modernizada, ha resultado imposible. La modernización según pautas actuales y la preparación del facsímil nos condujeron a dos callejones sin salida.

El primero surgió de la imposibilidad de obtener reproducciones nítidas de las páginas del original, por el color vetusto de las páginas: descartamos el facsímil. El segundo, más complejo, se produjo por el particularísimo estilo de Ochagavía, pródigo en hipérbatos, gerundios incorrectos, anacolutos y frases nominales. El conjunto de la edición modernizada –que realizamos íntegra– resultaba pobre y descolorido, sin la frescura propia de la joven autora y de su estilo. Téngase en cuenta que Ochagavía tenía por entonces, según declara la narradora autorreferencial en la nota introductoria, solo diecisiete años.

Si bien la publicación verá reducido su horizonte de lectura a especialistas, estimamos que se lee con cierta facilidad. Para salvar algún aspecto confuso, hemos agregado las notas que hemos creído imprescindibles

## Peculiaridades del estilo

*1. Plano gráfico-fónico*

1.1. Existen *realces en cursiva* y vocablos en versales.

1.2. *Signos de puntuación*: no se adecua la puntuación a las normas académicas actuales, por cuanto este procedimiento comporta introducir sensibles modificaciones estilísticas. Particularmente, esto ocurre con los puntos suspensivos ('...') muy frecuentes y de número variable.

1.2.1. El *uso de coma* (",") antes de la cópula marca una

pausa propia del estilo de otros escritores de la época. Muy a menudo, Ochagavía antepone en sus textos la coma a la cópula (', y') o a la disyunción (', o'). También suele separar con coma (',') el sujeto del predicado. 1.2.2. Algunas veces, aparecen dos puntos (':') que se reiteran en un párrafo para señalar realaciones causales. 1.2.3. Cierre de signos de exclamación ('!') y de interrogación ('?) sin haberlos abierto previamente.1.3 Faltan algunas rayas de diálogo ('–') y comillas (' " " ' o '« »') . A veces esta característica no permite determinar quién emite el discurso.

1.4. Omite comas que encierran los vocativos y complementos.

1.5. *Grafía de los fonemas vocálicos y consonánticos*: Es variable. 's' por 'z' ('terzas') y, a la inversa, 'z' por 's'; 'c' por 's', 'hipocrecìa', 's' por 'x', 'inespertos') 'j' por 'g' ('Evanjelina', 'dirije') o a la inversa ('mensage'), 'cc' por 'x' ('refleccioné'), 'b'por 'v', etc. 1.6. *Acento ortográfico*: Predominan palabras graves con tilde (–) -en casos en que corresponde no usarla- y esdrújulas ('oigame') o agudas sin tilde ('estension') –cuando es obligatoria–. Esdrújulas y sobresdrújulas muy frecuentes con acento grave (`) ('ràpidamente')

1.7. *Uso de las letras mayúsculas*: Respetamos el uso de la autora.

## 2. Plano morfosintáctico

2.1. Género y número de los nombres inadecuado a la concordancia. 2.2. Casos de leísmo y laísmo, usuales en la época. 2.3. Abundan formas vulgares de los verbos como 'querrais', 'dirijieron', 'poséis', 'cais', que creemos de valor para caracterizar el habla de la época. Uso del impersonal como personal: 'hacen' en lugar de 'hace'. Verbos transitivos empleados como intransitivos, p. e. 'visitar': 'alguno que visitara en casa de Alicia'. Fallas de concordancia de los verbos con el número del sujeto y de tiempos verbales entre sí.

2.4. Artículo antepuesto a los nombres de países, como en francés o italiano: 'la Italia', 'la Francia'. En esto sigue antiguas pautas académicas.

2.5. Género de los nombres: respetamos la versión de A. 2.6. Fallas de concordancia entre el número del sujeto y el verbo. 2.7. No convertimos en locuciones palabras compuestas y a la inversa: 'por que' (→ 'porque'), 'diez y siete´ (→ 'diecisiete'), 'veinte y cinco' (→ 'veinticinco'). No regularizamos el uso de 'porque', 'por qué', 'por qué' y 'por que'. Tampoco el de 'sino' y 'si no'; 'con que', 'conque' y 'conqué', 'aun que' y 'aunque'

### 3. Plano léxico semántico

3.1. Arcaísmos que no recoge el DRAE ('acortejar', 'prudenciar'): los conservamos y aclaramos en nota. 3.2. Vocablos en lengua extranjera: la autora utiliza expresiones en francés o (rara vez) en inglés. Su grafía es antojadiza 3.3. No unificamos las grafías diversas de nombres propios o comunes 3.4. Conservamos construcciones galicadas

4. Agregamos notas aclaratorias indispensables.

5. Señalamos las erratas evidentes.

6. Respetamos los barbarismos y solecismos no contemplados en los puntos anteriores, como 'decerrajé', 'vertir'.

7. Nombres propios: a) Nombres de pila. Grafía de fonemas vocálicos y consonánticos: según el original. ('Evanjelina'). b) Apellidos de personajes históricos: no actualizamos la grafía ('Platon').

**Notas**

1. No existen notas de la autora.

2. Anotamos palabras de uso infrecuente en el habla argentina actual y otras que no existen en el diccionario académico. En buena parte de los casos, la anotación tiende a precisar el alcance -a veces distinto del hoy vigente- con que el vocablo es utilizado. No incluimos por lo general notas con datos sobre personajes o sucesos históricos muy conocidos en la cultura universal y fácilmente localizables en diccionarios enciclopédicos. No obstante, la reconstrucción del contexto socio histórico y cultural en el que ha surgido el texto estudiado -contexto imprescindible para percibir su valor textual- requiere a menudo consignar datos que resultarían superfluos en otra clase de trabajo. Imaginamos, además, que un lector actual y no argentino requerirá información adicional sobre personajes históricos o lugares, y la incluimos. Preferimos acompañar con la ayuda necesaria al lector -no solo al especialista- en su recorrido por estas antiguas páginas, aunque parezca un exceso de prolijidad. No pueden desdeñarse los cambios sociales e históricos que se han producido en el curso de los largos cien años que transcurrieron desde la edición de 1857.

4. La fuente de las notas es la bibliografía consignada. Cuando lo consideramos necesario, por la especial dificultad para localizar el dato, remitimos a las fuentes.

### Abreviaturas y signos utilizados

*A*: texto de 1857.
/: final de verso o línea
[ ] encierran nuestros agregados en *A* para mayor inteligibilidad. También agregados en las citas.
(E): errata.
(E?): errata dudosa.
[...]: supresiones en las citas.

Números arábigos volados ('1', '2', '3', etc.): remiten a las notas a pie de página.

**BEATRIZ CURIA**
Conicet – UBA – USal
beatrizcuria@hotmail.com

**MARÍA CAROLINA SÁNCHEZ**
Conicet – UNT
caro_mcs@yahoo.com.ar

**Bibliografía y fuentes**

Abad de Santillán, Diego. *Diccionario de argentinismos de ayer y de hoy.* Buenos Aires: Tipográfica Editora Argentina, 1951.
Abrams, Meyer Howard. *El romanticismo: tradición y revolución.* Buenos Aires: Nova, 1962.
Academia Argentina de Letras. *Diccionario del habla de los argentinos.* Buenos Aires: Espasa, 2003.
Altamirano, Carlos y Beatriz Sarlo. *Literatura/Sociedad.* Buenos Aires: Edicial, 1993.
——. *Conceptos de sociología literaria.* Buenos Aires: CEAL, 1990.
Anderson, Benedict. *Comunidades imaginadas.* Buenos Aires: Fondo de Cultura Económica, 2000.
Anderson Imbert, Enrique. *Historia de la Literatura Hispanoamericana.* México: Fondo de Cultura Económica, 1979.
——. *Estudios sobre escritores de América.* Buenos Aires: Raigal, 1954.
Arambel-Guiñazú, María C. y Claire Martin. *Las mujeres toman la palabra. Escritura femenina del siglo XIX en Hispanoamerica.* Madrid/Frankfurt: Iberoamericana/ Vervuert, 2001.

Area, Lelia. *Album de Señoritas de Juana Manso. Periodismo y frustración para un proyecto doméstico de fundar una nación.* Buenos Aires: Feminaria, 2005.

Armstrong, Nancy. *Deseo y ficción doméstica.* Madrid: Cátedra, 1991.

Arrieta, Rafael Alberto (dir). *Historia de la literatura argentina.* 6 v. Buenos Aires: Peuser, 1958-1960.

——. *La ciudad y los libros. Excursión bibliográfica al pasado porteño.* Buenos Aires: Del Colegio, 1955.

Auza, Néstor T. *La literatura periodística porteña del siglo XIX. De Caseros a la Organización* Nacional. Buenos Aires: Confluencia, 1999.

——. *Periodismo y feminismo en la Argentina. 1830-1930.* Buenos Aires: Emecé, 1988.

Ayrolo, Valentina, María Elena Barral y Roberto Di Stefano (coords.). *Catolicismo y Secularización. Argentina, primera mitad del siglo XIX.* Buenos Aires: Biblos, 2012.

Bajtin, Mijail. *Teoría y estética de la novela.* Madrid: Taurus, 1991.

——. *Problemas de la poética en Dotoievsky.* Buenos Aires: Fondo de Cultura Económica, 1993.

——. *Estética de la creación verbal.* México: Siglo XXI, 1995.

Bal, Mieke. *Teoría de la narrativa.* Madrid: Cátedra, 1990.

Barcia, Roque. *Primer diccionario etimológico de la lengua española.* 5 v. Barcelona: 1880-1883.

Batticuore, Graciela. *La mujer romántica. Lectoras, autoras y escritores en la Argentina: 1830-1870.* Buenos Aires: Edhasa, 2005.

Batticuore, Graciela, Klaus Gallo y Jorge Myers. *Resonancias románticas. Ensayos sobre historia de la cultura argentina (1820-1890).* Buenos Aires: Eudeba, 2005.

Battolla, Octavio C. *La sociedad de antaño.* Buenos Aires: Emecé, 2000.

Berlin, Isaiah. *Las raíces del romanticismo.* Madrid: Taurus, 2000.

Berman, Marshall. *Todo lo sólido se desvanece en el aire. La experiencia de la Modernidad*. Madrid: Siglo XXI, 1988.
Bilbao, Francisco. "Literatura. Un Angel y un Demonio, por la señorita Da. Margarita Rufina Ochagavía". *La Revista del Nuevo Mundo*, núm. 1-2, Buenos Aires, 1857, pp. 331-336.
Bonaudo, Marta (dir.). *Liberalismo, Estado y orden burgués* (1852-1880). t. IV de Suriano, Juan (dir.). *Nueva Historia Argentina*. Buenos Aires: Editorial Sudamericana, 1999.
Buonocuore, Domingo. *Libreros, editores e impresores de Buenos Aires*. Buenos Aires: El Ateneo, 1944.
Bulofer Peruga, Mónica. *Mujeres e ilustración. La construcción de la feminidad en la España del siglo XVIII*. Valencia: Alfons El Magnanim, 1998.
Busaniche, José Luis. *Historia argentina*. Buenos Aires: Solar/Hachette, 1973.
Calzadilla, Santiago. *Las beldades de mi tiempo*. Buenos Aires: Ángel Estrada y Cía S.A. Editores, 1944.
Capdevila, Arturo. *Los Románticos. Espectros, Fantasmas y Muñecos del Romanticismo*. Buenos Aires: Cabaut, 1927.
*Capítulo. La historia de la literatura argentina*. 4 v. Buenos Aires: CEAL, 1980-1986.
Carreño, Manuel Antonio. *Manual de urbanidad y de buenas maneras*. Nueva York: Appleton & CO, 1877.
Carretero, Andrés. *Vida cotidiana en Buenos Aires: 1. Desde la Revolución de Mayo hasta la organización nacional (1810-1864)*. Buenos Aires: Planeta, 2000.
Castagnino, Raúl H. "Una olvidada novela porteña de 1860". *Historias menores del pasado literario argentino (Siglo XIX)*. Buenos Aires: Huemul, 1976, pp. 39-59.
Carilla, Emilio. *El Romanticismo en la América Hispánica*. Madrid: Gredos, 1967.
Casullo, Nicolás, Ricardo Forster y Alejandro Kaufman. *Itinerarios de la modernidad. Corrientes del pensamiento*

*y tradiciones intelectuales desde la Ilustración hasta la posmodernidad*. Buenos Aires: Oficina de publicaciones del CBC, 1996.

Catelli, Nora. *Testimonios tangibles. Pasión y extinción de la lectura en la narrativa moderna*. Barcelona: Anagrama, 2001.

Chartier, Roger. *Espacio público, crítica y desacralización en el siglo XVIII. Los orígenes culturales de la Revolución Francesa*. Barcelona: Gedisa, 1995.

Cicerchia, Ricardo. *Historia de la vida privada en la Argentina*. Buenos Aires: Troquel, 1998.

Curia, Beatriz. "Literatura y política en la Argentina del siglo XIX". *Palabra y Persona. Cultura y política*. núm. 9, Buenos Aires: Centro Argentino P.E.N. Internacional, 2002, pp. 122-133.

——. "Miguel Cané (p), primer novelista argentino". *Decimonónica*. vol. 4, núm 1, 2007, pp. 23-35. En línea: http://www.decimononica.org.

——. "Introducción". Sasor, Mercedes *María de Montiel*. Buenos Aires: Teseo, 2009.

Cutolo, Vicente Osvaldo. *Diccionario de alfónimos y seudónimos de la Argentina (1800-1930)*. Buenos Aires: Elche, 1962.

Devoto, Fernando y Marta Madero. *Historia de la vida privada en la Argentina*. t. I y II. Buenos Aires: Alfaguara, 2003.

Di Stefano, Roberto y Loris Zanatta. *Historia de la Iglesia Argentina. Desde la Conquista hasta fines del Siglo XX*. Buenos Aires: Sudamericana, 2009.

Fletcher, Lea (comp.). *Mujeres y cultura en el siglo XIX*. Buenos Aires: Feminaria, 1994.

Garrido Pallardó, F. *Los orígenes del romanticismo*. Barcelona: Editorial Labor, 1968.

Gasparini, Sandra, "En la orilla de enfrente. Amalia". Julio Schvartzman (dir. vol.). *La lucha de los lenguajes*. vol

2 de Noé Jitik (dir). *Historia crítica de la literatura argentina.* Buenos Aires: Emecé, 2003, pp. 85-102.

Gayol, Sandra. *Sociabilidad en Buenos Aires. Hombres, honor y cafés. 1862-1910.* Buenos Aires: Ediciones del Signo, 2002.

Gerasi Navarro, Nina. "La mujer como ciudadana: desafíos de una coqueta en el siglo XIX". *Revista Iberoamericana. Siglo XIX: fundación y fronteras de la ciudadanía.* núms. 178-179, Pittburgh, 1997, pp. 129-140.

González Alcázar, Felipe. "Teorías sobre la novela en los preceptistas españoles del siglo XIX". *Dicenda: Cuadernos de Filología Hispánica.* núm. 23, Madrid, 2005, pp. 109-124.

González Porto-Bompiani. *Diccionario literario de autores de todos los tiempos y de todos los países.* 3 v. Barcelona: Montaner y Simón, 1963.

——. *Diccionario literario de obras y todos los personajes de todos los tiempos y de todos los países.* Barcelona: Montaner y Simón, 1963.

González Stephan, Beatriz, Lasarte, Javier, Montaldo, Graciela y Daroqui, María Julia (comps.). *Esplendores y miserias del siglo XIX.* Caracas: Monte Ávila Editores, 1995.

Donghi, Tulio. *Una nación para el desierto argentino 1846-1880.* Caracas: Biblioteca Ayacucho, 1980.

Iglesia, Cristina (comp.). *El ajuar de la Patria: Ensayos críticos sobre Juana Manuela Gorriti.* Buenos Aires: Feminaria, 1993.

Iñigo Madrigal, Luis (comp.). *Historia de la literatura hispanoamericana.* t. II. *Del neoclasicismo al modernismo.* Madrid: Cátedra, 1981.

Kirkpatrick, Susan. *Las románticas. Escritoras y subjetividad en España, 1835-1850.* Madrid: Cátedra, 1989.

Laera, Alejandra. "Géneros, tradiciones e ideologías literarias en la Organización Nacional". En Julio Schvartzman (dir.). *La lucha de los lenguajes*. vol 2 de Noé Jitik (dir.). *Historia crítica de la literatura argentina*. Buenos Aires: Emecé, 2003, pp. 85-102.

Lander, María Fernanda. *Modelando corazones: sentimentalismo y urbanidad en la novella hispanoamericana del siglo XIX*. Rosario: Beatriz Viterbo, 2003.

Lettieri, Alberto. *La República de las Instituciones. Proyecto, desarrollo y crisis del régimen político liberal en la Argentina en tiempos de la organización nacional (1852-1880)*. Buenos Aires: Prometeo Libros, 2008.

Levene, Gustavo Gabriel. *Historia argenina; panorama costumbrista y social desde la conquista hasta nuestros días*. 3 v. Buenos Aires: Campano, 1967.

Levene, Ricardo (dir.). *Historia de la Nación Argentina; desde los orígenes hasta la organización definitiva en 1862*. 10 v. Buenos Aires: El Ateneo, Academia Nacional de la Historia, 1939-1947.

Lichtblau, Myron. *The Argentine Novel in the Nineteenth Century*. New York: Hispanic Institute in the United States, 1959.

——. *The Argentine Novel: An annotated bibliography*. Lanham, Md.& London: The Scarecrow Press, 1997.

Lojo, María Rosa. *La "barbarie" en la narrativa argentina (siglo XIX)*. Buenos Aires: Corregidor, 1994.

——. "El 'género mujer' y la construcción de mitos nacionales: El caso argentino rioplatense". En Juana Arancibia, Yolanda Rosas y Edith Dimo (eds). *La mujer en la literatura del mundo hispánico*. California: Instituto Literario y Cultural Hispánico, 2000, pp. 7-31.

Masiello, Francine. *Entre civilización y barbarie. Mujeres, nación y cultura en la Argentina moderna*. Rosario: Beatriz Viterbo, 1997.

——. (comp.). *La mujer y el espacio público. El periodismo femenino en la Argentina del siglo XIX*. Buenos Aires: Feminaria, 1994.

Mayo, Carlos A. *Por qué la quiero tanto. Historia del amor en la sociedad rioplatense (1750-1860).* Buenos Aires: Biblos, 2004.

Molina, Hebe B. *La narrativa dialógica de Juana Manuela Gorriti.* Mendoza: Editorial de la Facultad de Filosofía y Letras de la Universidad Nacional de Cuyo, 1999.

——. "Un nacimiento acomplejado: justificación de la novela en el contexto decimonónico argentino". *Alba de América.* vol. 25, núms. 47-48, California, 2006, pp. 457-466.

——. ."Una poética argentina de la novela: Vicente Fidel López (1845)". *Hofstra Hispanic Review.* vol. 8/9, Nueva York, 2008, pp. 18-32.

——. "El efecto del espejo cóncavo en la teoría argentina de la novela (hacia 1850)". III Congreso Internacional *CELEHIS* de Literatura: *Literatura española, hispanoamericana y Argentina.* CD ROM. Mar del Plata, Universidad Nacional de Mar del Plata, Facultad de Humanidades, Centro de Letras Hispanoamericanas, 2009.

——. "Los suburbios de la ciudad letrada o historias de las novelitas marginadas (1838-1872)". XV Congreso Nacional de Literatura Argentina; *1810-2010: Literatura y política; en torno a la Revolución y a las revoluciones en argentina y América Latina.* CDROM, Córdoba, Universidad Nacional de Córdoba- Escuela de Letras, 2009.

——. "Novelas socializadoras para educar al soberano". *Revista de Literatura, História e Memória,* núm. 6.8, Cascavel, Brasil, U. Estadual del Oeste de Paraná, 2010, pp. 123-138.

——. *Como crecen los hongos. La novela argentina entre 1838-1872.* Buenos Aires: Teseo, 2011b.

——. "Lectoras y escritoras en la Argentina de 1860: Margarita Rufina Ochagavía y M. Sasor". *Anclajes.*

*Revista del Instituto de Investigaciones Literarias y Discursivas.*, vol. 15, núm. 2, Universidad Nacional de La Pampa, Facultad de Ciencias Humanas, 2011a, pp. 31-47.

Morínigo, Marcos, A. *Diccionario de Americanismos.* Buenos Aires: Muchnick, 1966.

Myers, Jorge. *Orden y virtud. El discurso republicano en el régimen rosista.* Buenos Aires: Universidad de Quilmes, 1995.

Ortiz Gambetta, Eugenia. *Modelos de civilización en la novela de la Organización Nacional (1850-1880).* Buenos Aires: Corregidor, 2013.

Pagés Larraya, Antonio. "Tendencias de la novela romántica argentina". *Atenea,* año XXXV, tomo CXXX, núm. 379, Santiago de Chile, ene-feb-mar de 1958, pp.208-220.

Palermo, Zulma (coord.). *Cuerpo(s) de mujer: representación simbólica y crítica cultural.* Córdoba: Ferreyra Editor, [Salta]: Universidad Nacional de Salta, 2006.

Parada, Alejandro. *El mundo del libro y de la lectura durante la época de Rivadavia. Una aproximación a través de los avisos de La Gaceta Mercantil (1823-1828).* Buenos Aires: Universidad de Buenos Aires-Instituto de Investigaciones Bibliotecológicos, 1998.

Picard, Roger. *El Romanticismo social.* México- Buenos Aires: Fondo de Cultura Económica, 1947.

Pinilla, Norberto. *La polémica del Romanticismo en 1842. V. F. López- D. F. Sarmiento, S. Sanfuentes.* Buenos Aires: Editorial Americalee, 1943.

Prestigiácomo, Raquel y Fabián Uccello. *La pequeña aldea. Vida cotidiana en Buenos Aires 1800-1860.* Buenos Aires: Eudeba, 2014.

Ramos, Julio. *Desencuentros de la modernidad en América Latina. Literatura y política en el siglo XIX.* México: Fondo de Cultura Económica, 1989.

Real Academia Española. *Diccionario de la lengua española*. Madrid: Real Academia Española. 2v. CD. 1992.
——. *Diccionario Panhispánico de Dudas*. Madrid: Real Academia Española, 2005.
Rest, Jaime. *Conceptos de literatura moderna*. Buenos Aires: CEAL, 1991.
Rojas, Ricardo. *Historia de la literatura argentina. Ensayo filosófico sobre la evolución de la cultura en el Plata*. 5 v. Buenos Aires: Losada, 1948.
Romero, José Luis. *Buenos Aires criolla 1820-1850, historia testimonial argentina*. Buenos Aires: CEAL, 1983.
——. *Breve Historia de la Argentina*. México: FCE, 1965.
Rousvillois, Frédéric. *Historia de la cortesía: de 1789 hasta nuestros días*. Buenos Aires: Claridad, 2008.
Sábato, Hilda. *La política en las calles. Entre el voto y la movilización, Buenos Aires 1862-1880*. Buenos Aires: Editorial Sudamericana, 1990.
Sábato, Hilda y Flavia Macías. "La guardia nacional: Estado, política y uso de la fuerza en la Argentina de la segunda mitad del siglo XIX". *POLHIS*, año 6, núm. 11, Buenos Aires, primer semestre 2013, pp. 70-81.
Safransky, Rûdiger. *Romanticismo. Una odisea del espíritu alemán*. Buenos Aires: Tusquets, 2012.
Sánchez, María Carolina. "Personajes lectores en la novela de la Organización Nacional". *Revista de Literaturas Modernas*. vol. 44, núm. 1, Mendoza, Instituto de Literaturas Modernas, Facultad de Filosofía y Letras, Universidad Nacional de Cuyo, enero-julio de 2014, pp. 123-145.
——. "Disciplinamiento femenino en novelas socializadoras de la segunda mitad del siglo XIX", *Gramma. Revista de la Escuela de Letras de la Facultad de Filosofía y Letras de la Universidad del Salvador*, Anejo Monográfico núm 4, III Jornadas de Literatura Argentina "Del centro

a los márgenes: nuevos abordajes a la figura del marginal en la Literatura Argentina". (en prensa).
Sánchez García, María del Carmen. "Contextualización de la preceptiva: La moralidad en la novela del siglo XVIII". *Dicenda: Cuadernos de Filología Hispánica.* núm. 16, Madrid, 1998, pp 185-201.
Silva Beauregard, Paulette. *La trama de los lectores. Estrategias de la modernización cultural en Venezuela (siglo XIX).* Caracas: Fundación para la Cultura Urbana, 2007.
Sommer, Doris. *Ficciones fundacionales: Las novelas nacionales de América Latina.* Bogotá: Fondo de Cultura Económica, 2004.
Sosa de Newton, Lily. *Diccionario biográfico de mujeres argentinas.* Buenos Aires: Plus Ultra, 1980.
--- (comp.). *Narradoras argentinas (1852-1932).* Buenos Aires: Plus Ultra, 1995.
Tacca, Oscar *Las voces de la novela.* Madrid: Gredos, 1985.
Terán, Oscar. *Historia de las ideas en la Argentina. Diez lecciones iniciales, 1810-1980.* Buenos Aires: Siglo XXI, 2008.
Torres, María Inés de. *¿La nación tiene cara de mujer? Mujeres y nación en el imaginario letrado del Uruguay del siglo XIX.* Buenos Aires: Universidad de Quilmes Editorial, 2013.
Torres Revelo, José. *El libro, la imprenta y el periodismo en América durante la dominación española.* Buenos Aires: Casa Jacobo Peuser, 1940.
Udaondo, Enrique. *Diccionario biográfico argentino.* Buenos Aires: Coni, 1938.
Unzueta, Fernando. *La imaginación histórica y el romance nacional en Hispanoamérica.* Lima-Berkeley: Latinoamericana Editores, 1996.

——. "*Soledad* o el romance nacional como folletín: proyectos nacionales y relaciones intertextuales". *Revista Iberoamericana*. núm. 214, Pittburgh, 2006, pp.243-256.

Valcárcel, Eva. "El Romanticismo y la teoría de la novela en Hispanoamérica. Notas para una poética". *Anales de Literatura Hispanoamericana*. núm. 25, Madrid, 1996, pp.63-75.

Verdevoye, Paul. *Literatura argentina e idiosincrasia*. Buenos Aires: Corregidor, 2002.

Wilde, José A. *Buenos Aires desde 70 años atrás*. Buenos Aires: Editorial Universitaria de Buenos Aires, 1960.

Zanetti, Susana. *La dorada garra de la lectura. Lectoras y lectores de novela en América Latina*. Rosario: Beatriz Viterbo, 2002.

Zó, Ramiro Esteban "Funciones de la novela sentimental hispanoamericana durante el siglo XIX". *Cuadernos del CILHA*. núm. 9, Mendoza, 2007, pp. 79-97.

# UN ANJEL Y UN DEMONIO
## o /
# EL VALOR DE UN JURAMENTO./
### Novela original/
de la señorita argentina /
## Dᴬ. MARGARITA RUFINA OCHAGAVIA.

[p.] 3
LA casa-quinta existe à inmediaciones de Palermo.[17]
Alli veremos las primeras escenas.
Su dueña es una mujer mala y viciosa.
El marido es casi una momia.
La señora Herminia pertenece á una de las principales familias[18] del pais. Es viuda: por desgracia no conoceremos á su marido. Pero à ella sí y à sus bellas hijas.[19]
La señora Evanjelina tambien pertenece á la alta clase de la sociedad. Es simpática y de una selecta educacion.
Ha perdido su esposo. Mucho lo ha llorado: dejémosla deplorar su desdicha. Sentimos no poderlo volver à la vida. No es culpa nuestra, ¿qué hacer?
Pero sí vereis á sus perfectas y amables hijas.
A Octavio muy pronto le conoceremos.
Y á Telémaco.... dejadlo á su cuidado, él nos harà saber su vida y la de la niña Ismene y demàs.
Paciencia! ya encontraremos á Eteocle.[20]

[p.] 4
Ved ahí à grandes rasgos anotados los principales personajes que deben figurar en estos mal diseñados cuadros, que và à bosquejar mi jóven é imperfecta pluma.

---

[17] Por entonces, zona de casaquintas y chacras, fuera del casco urbano de Buenos Aires. Allí estaba la quinta de Juan Manuel de Rosas.
[18] Se refiere, en realidad, a la población de Buenos Aires. La sociedad porteña se estratificaba con rigidez en "familias decentes" (hacendados, grandes comerciantes, destacados militares). Seguían en la escala descendente los comerciantes y artesanos que habían hecho fortuna (clase media) y, finalmente, los negros, pardos y blancos pobres (eran sirvientes, matarifes, jornaleros, carreteros, artesanos pobres).
[19] La señora Herminia es madre de Alicia y Alfredo. Corresponde 'bellos hijos'. Es presumiblemente un error de la autora.
[20] El griego 'Eteoclés' se traduce al castellano como 'Eteocles' e 'Ismene' como 'Ismena'. Ambos nombres terminados en '-e' parecen haber sido tomados de un texto en francés, idioma que conoce la autora.

Pequeño é insignificante trabajo que ofrezco á la sociedad, como mi primer ensayo.

No estrañeis el gran acopio de errores de que esté poblado.

Acabo de cumplir diez y siete años, y no he tenido tiempo suficiente para estudiar la sociedad en todas sus faces.

Solo la entreveo. Asi es que debeis tener indulgencia en sumo grado.

En cuanto á mis estudios, son ningunos; pues he sido criada en la emigracion, que no es muy á propòsito para estudiar, sino para aprender á sufrir.

Cred que mi objeto es ùnicamente ofrecer algo aunque de ningun valor á mi pais y à la sociedad.

Direis que es mucho mi atrevimiento y franqueza al lanzarme à escribir sin contar con los medios necesarios.

Pero qué quereis? eso es inherente en mi; no hay mas remedio. Aunque me esponga, sufriré hasta donde llegue la paciencia.

MARGARITA RUFINA OCHAGAVIA

[p.] 5

## CAPITULO I.
### Las doce de la noche.

ES una tempestuosa y horrible noche; un tupido velo cubre el espacio, mas negro que las sombras que envolvian al mundo cuando era caos. Los truenos y relàmpagos se sucedian sin interrupcion. Al fulgor de estos parecia apercibirse cual un jigante que luchara con el atleta de los aires, que bramaba cual furia del averno.[21]

A una inmensa mole envuelta en gasas blanquesinas, cuyos contornos la oscuridad de la noche ensanchaba y

---

[21] Anacoluto. La frase incompleta, interrumpida por el punto y aparte, se completaría con la siguiente.

que se asemejaba à lo léjos á uno de esos colosos que las leyendas antiguas nos refieren.

Acerquémonos y como por encanto vereis desaparecer esas formas aterradoras y trocarse en una alegre y elegante casa-quinta. Al frente de sus puertas está un vasto jardin.

Circunvalàndola un enrejado de hierro, que viene á rematar en una portada de lo mismo.

Caia una lluvia copiosa cual si se hubieran roto las cataratas del firmamento.

El agua chocaba en los cristales de varias ventanas, produciendo un ruido singular.

No obstante acaba de abrirse una de ellas, y de aparecer una forma de mujer, cuya cabeza jira á todos lados y vuelve à ocultarse, cerràndola cautelosamente.

[p.] 6

En ese instante llega un hombre á la portada, cubierto con una gran capa de goma, y sacando una llave, la introduce, abriéndola luego. Por su aplomo se conocia que no era la primera vez que lo hacia.

En seguida cerràndola, se dirije por un camino que và à acabar en un veredon de màrmol.

Tres palmadas misteriosas, es la señal que hace el desconocido; y abriéndose una puerta, aparece una figura escuàlida, que poniendo un dedo en la boca, rechaza con la otra mano al hombre que iba à entrar.

Ambos se quedan estàticos un instante; mas aquel ser, haciendo un ademan, dice: Entrad, y el incógnito penetra.

Él quiso hacer una demostracion de afecto, pero ella rechazàndolo bruscamente, la figura le indica una puerta por donde él sigue como autómata.

Aquella cerrando la puerta sigue tras él, y cruzando dos grandes piezas, abre otra puerta penetrando en otra iluminada por una magnìfica lámpara.

Él al entrar, deja caer la capa, descubriéndose uno de nuestros mas elegantes leones[22], vestido con uno de esos trajes que han heredado el nombre del ilustre favorito de una de las mas bellas reinas de Francia.

El otro viviente era una vieja de repugnante aspecto, semejante á un espectro que se alza de la tumba.

El apuesto doncel, pues tendria 22 años, abre sus brazos y và à estrechar à aquel espectro.

Pero ella con una desagradable sonrisa y mostrando solo sus disecadas encías, con cascada voz y acento burlon, esclama:

—No! no! no me vengais con salamerías, hipócrita. Soy una insensata en esperaros velando mientras que vos andais por ahí haciendo la corte à muchachas. Soy una.....

—Por Dios! mi adorada Clemencia..... dijo el jóven interrumpiéndola.

—Callaos! callaos, que me enfadais, repuso la vieja, sentàndose en un mullido confidente de terciopelo carmesí que hacia resaltar mas su apergaminada y vetusta cara con muestras inequívocas de enojo.

[p.] 7

El jóven arrojando su sombrero sobre un sillon, dejò ver una cara de un pàlido mate, dos grandes y rasgados ojos coronados de cejas negras y espesas, y su ensortijado cabello que adornaba una bella cabeza. En seguida echàndose à los piés de su adorada y con una tiernìsima voz la dijo estrechàndola su arrugada y huesosa mano:

—Decidme ¿qué tensis[23]? vuestras palabras me destrozan el corazon. Hablad, hablad, por Dios!

---

[22] 'león' es una de las denominaciones utilizadas durante el siglo XIX para 'dandi' (Rouvillois 247).
[23] (E) por 'teneis'.

La vieja no respondió y despues de una pausa, mirándole con torbo ceño, le dijo:
—Qué hora es esta, caballero, de venir? Las doce han dado ya. ¿En qué habeis pasado el tiempo? Decidmelo al instante.
—El mal estado de la noche..... balbuceò el jóven, y serenàndose repuso: Olvidad eso y dejadme solo contemplar cuan feliz soy en estar cerca de vos.
—Son embustes, Octavio, y esta no es la primera vez que sucede.
—Bien. Voy á deciros verdad..... He pasado insensiblemente el tiempo con unos amigos en el café.
—Hablando de muchachas tal vez, interrumpió la vieja. Este café, que me cuesta tantos pesos.......
—No, prosiguiò él. Còmo creis que piense en algo que no seais vos, cuando sois quien absorve mi pensamiento? Y à mas saliendo del café llegué à casa..... La cara de la bella tomó un aspecto amenazador: Del retratista, por contemplar vuestra imàjen que està lindísima por cierto. Y como habia unas señoras, tuve que esperar.
—[24]Sois muy injusta con quien os ama tanto.
—Siempre mujeres, gruñó la vieja y haciendolo levantar, lo hizo sentar à su lado y prosiguió diciéndole, estrechándole la mano:
—Sois un gran pilluelo, le replicó la vieja con una sonrisa capaz de helar de espanto al mas estóico, y haciendo vibrar sus ojos semejantes à las del sucurucù[25].
—Me perdonais, ah! sois hechicera, dijo él con seductor acento.

---

[24] Raya que no corresponde a diálogo. Sigue hablando Octavio.
[25] Surucucú: reptil ofidio (*Lachesis mutus*), de hasta 3 metros de longitud, venenoso, con cabeza deprimida y en forma de corazón.

[p.] 8
—Y qué tal os parece el retrato? lo hallais semejante à mí? preguntó Clemencia.
—Oh! si, vuestras facciones estàn fielmente reproducidas en el lienzo: creed que encantarà à cuantas lo vean. Hace honor al modelo y al pintor, está divino.
—Cuánto me alegro! ya lo admiraràn. Pero es preciso que os vayais, se nos pasan las horas insensiblemente.
—Por Dios, alejarme ya de vos cuando recien empiezo à admiraros! cuán desgraciado soy!
—Si, es necesario, pronto va à amanecer.
—[26]En ese instante se oyó una lejana toz de viejo. Ella se levantó como impulsada por un cordon eléctrico, diciéndole:
—Id pronto, porque Eudoro empieza à despertar.
—Cuánto sufro en tener que separarme ya de vos, sin poder oir vuestras dulcísimas palabras, y sin hablaros un instante.
—Si, ya sé lo que quereis, añadiò ella entregàndole un paquete de billetes de banco, y prosiguió:
—[27]Tened mas cuidado en vuestros gastos.
Y lo condujo hasta la puerta. El redobló sus demostraciones de afecto, tomando el camino por donde habia venido y desapareciò.

[p.] 9

### CAPITULO II.
**Octavio ò la primera emocion de amor.**

TIEMPO es ya de hacer conocer à nuestros lectores este jóven de maneras tan retrògradas, que por desgracia

---

[26] Este enunciado es del narrador. No corresponde la raya.
[27] Raya inadecuada. Continúa el mismo hablante.

son tan usuales en nuestros dias, en que el buen tono y la civilizacion lo permiten todo.

Civilizacion! Hermosa palabra por todos estilos, pero que hoy sirve de salvaguardia à toda clase de maldades que se cometen.

Bajo ese credo social, el libertino audaz seduce la incauta niña, y la coqueta desenvuelta hace caer en sus redes à jóvenes inespertos.

Sociedad! esa es otra que solo sirve para que vayan multitud de seres á respirar esa atmósfera corrompida, cual uno de esos venenos que matan aunque lentamente.

Tal vez la conducta que se va desenvolviendo en nuestro héroe sea la causa el haber desde muy jòven respirado esa misma atmósfera.[28]

Sea lo que sea, sigamos adelante.

Pertenece à una de las mejores familias del pais, cuyo nombre debemos ignorar.

Habia perdido muy jóven à sus padres, habiendo quedado su escasa fortuna en manos seguras y leales.

[p.] 10

El se habia criado y educado en un colejio, viviendo en compañìa de esa multitud de niños que saben y hablan lo que el mas depravado no es capaz de repetir.

Cuando concluyò sus estudios, se ocupó de algo en el comercio.

Habia ya transcurrido algun tiempo desde su salida del colejio, cuando un dia, paseando, se encontró con un compañero que le habia demostrado bastante amistad. Hablàronse como antiguos amigos, y el jóven Alfredo, que

---

[28] Orden oracional trastrocado. CorresponderÍa: 'Tal vez la causa [de] la conducta que se va desenvolviendo en nuestro héroe sea el haber desde muy joven respirado esa misma atmósfera'.

asì se llamaba el amigo, le propuso à Octavio llevarle á su casa, donde le presentaria à su mamà y hermanita.

El accediò gustoso y se dirijieron à la referida habitacion.

Alfredo hizo penetrar à su amigo en su casa, encontràndose con una señora de unos cuarenta y cinco años, pero bastante conservada aun, de respetable continente y nobles facciones, à quien Alfredo presentò à su amigo como su madre.

La señora Herminia lo acojió con una amabilidad y finura que dejaban ver al primer golpe de vista la clase à que pertenecia.

Alfredo preguntò de su hermanita. La madre contestò vendria de allì á un momento, pues estaba en su tocador.

Un instante despues se presentò la jòven Alicia: era una lindìsima niña, semejante à uno de esos querubes de ojos mas celestes que el firmamento en un claro dia: làbios purpurinos, fresca tez y sonrosadas mejillas, dientes de perla, manos que podrian haber servido de modelo para esas celestiales madonas del divino Rafael, flexible talle, andar cadencioso, alta y elegante: tres lustres apenas contaba.

Vestia con elegante sencillez; sus rubios y sedosos cabellos, peinados con graciosa coqueteria, dejaban ver su noble y bella frente.

En su mirada se leia la tranquilidad de su candoroso corazon: veíase claramente que el soplo de las pasiones no habia marchitado su alma inocente.

Saludò con graciosa amabilidad, al mismo tiempo que su hermano le presentaba á su amigo.

Un memento[29] despues de las primeras fórmulas sociales, la niña dirijiò sus bellos ojos al desconocido.

---

[29] (E) por 'momento'.

[p.] 11

Pero inmediatamente los bajò cubriéndose su anjelical semblante de púdico rubor, pues se encontrò con la mirada de Octavio fija en ella. Volviendo à alzarlos, tornò à bajarlos sin saber porqué.

Algo inesplicable sintió desde ese momento.

Una emocion semejante á la que causa la electricidad, la conmovia.

El no dejó de comprenderlo, y como era diestro en el arte de enamorar, poseia una mìmica perfecta, sabiéndola jugar cuando necesitaba á las mil maravillas.

Se hablò de flores: Alfredo dijo ser la dada[30] de su hermana.

Ella tomó algunas que ofreció á Octavio. El al tomarlas le lanzó una mirada llena de ternura y espresion.

Haciéndose las ofertas y cumplimientos de costumbre, él se despide diciendo venir siempre que sus ocupaciones lo permitieran.

Ellas le demostraron amistad creyéndolo digno de contarse en el nùmero de sus buenos amigos.

[p.] 12

### CAPITULO III.
**Un amigo como hay muchos.**

A su salida de la visita, Octavio se encontró con un jòven que le interpelò diciendo:

—En qué vas pensando, querido?

—A que no adivinas? le contestò Octavio.

—A fé que no. Cómo quieres que sepa?

—¡Còmo! tú, mi querido Osvaldo, nos ha[31] adivinado? no lo creo, repuso Octavio.

---

[30] Por el contexto parece referirse a 'inclinación'.
[31] 'nos ha' errata por 'no has'.

—Tal vez vayais pensando en alguna sìlfide.
—Lo acertasteis, dijo Octavio.
—Cómo?
—Estoy enamorado.
—Tù enamorado! jà! jà! jà! no lo creo.
—O finjo estarlo.
—Eso es otra cosa. Cuéntamelo
—Pues bien, acabo de ver una lindìsima muchacha y pienso enamorarla, es decir pasar el tiempo à costa de ella.
—Bravo! bravìsimo! eso me gusta. Adelante.
—Iba ideando el modo de seducirla y tú me has interrumpido. Pienso decirla que desde que la he admirado, he visto en ella el astro luminoso que alumbrarà mi porvenir, que me seduce, que me enloquece, que no puedo vivir sin verla, que un fuego de-/

[p.] 13
vorador me consume, que nunca he amado à mujer ninguna, que sino me quiere ella, me mato, me doy un tiro, tomo un veneno, me tiro al rio é infinidad de frases masque[32] sabes poseemos en nuestro repertorio.

—Haces bien, por que, amigo, no hay cosa que me divierta mas que esas declaraciones.

Verlas como se ajitan, mudan de color, de voz, suspiran, alzan y bajan los ojos, enmudecen y por último dicen tartamudeando:

—Usted no me dice la verdad..... Me engaña.

Redoblan las protestas, los juramentos, y ellas por fin pronuncian la divina palabra.

—Qué momentos, amigo! He tenido que recurrir á mil estratajemas para no morir de risa, que ellas lo han traducido por la emocion que sentia.

Ja! Ja! Ja! Te estoy fastidiando con mi charlatanería.

---

[32] (E) por mas que.

Pero, qué quieres, no puedo menos de compadecerlas. Pobres muchachas[33]! Cómo nos creen al vernos hincar y derramar làgrimas: lágrimas nosotros! Si reflexionaran se reirian.

—En fin, espero me participes tus triunfos.

—Cree lo haré como à buen amigo. El fin es que haya algo con que pasar el tiempo un poco divertido.

Porque sin esas pequeñeces la vida seria muy monótona

—Adios

—Adios

Y se separaron.

[p.] 14

## CAPITULO IV.
### El porqué del amor de Octavio à Clemencia.

PASEMOS à la casa donde sucedió la primera escena. Su dueño es uno de los mas ricos negociantes de nuestra capital.

De una estatura mas que regular, tenia unos sesenta y pico de inviernos y por consecuencia bastante lójica.[34] Habia perdido su frescor. En tiempos mas felices ostentaba sus negros bigotes orgulloso, y hoy los encontraba blancos y despoblados.

Horrible decepcion! La ruda mano del tiempo nada respeta.

Todo se acaba ante su helado y crudo hàlito.

Ese hombre se llamaba Eudoro. Se habia casado con Clemencia ya hacia algunos años. Ella al casarse con él habia realizado un buen negocio, pues él era inmensamente rico y ella era un pobre diablo.

---

[33] (E) por Pobres muchachas.
[34] No debería existir este punto, porque el enunciado se completa en la frase que sigue.

Clemencia tenia algunas primaveras, mas era estremadamente delgada y alta, fea en la estencion de la palabra; pero ayudada con la miscelanea de adornos que usaba, era pasable.

Era uno de esos seres que por desgracia suelen existir: descocada, vana, coqueta, ambiciosa, envidiosa y crédula. Su conjunto por todos estilos era bien desagradable.

Mujer mas dispuesta al mal que al bien.

[p.] 15

Amiga de ser muchacha y de ser acortejada[35] de jóvenes, ridìcula pretencion de las viejas coquetas.

Asistia à bailes y teatros, siendo siempre la diversion de todos los concurrentes, pues representaba el rol de bufo con sus coqueterìas.

Una noche en un baile se encontró con nuestro conocido Octavio: la sedujeron sus maneras.

El lo notó, y sabiendo quien era ella, supo sacar todo el partido que su suerte le deparaba.

Finjia que ella era la única que le llamaba la atencion y al mismo tiempo le inspiraba respeto. Lanzàbale miradas fogosas como á hurtadillas.

Fué lo bastante: ella se enloqueció, creyó haber inspirado una fuerte pasion, haciendo lo posible por atraerlo à su amistad. Se cumplimentaron recìprocamente y desde ese momento fué el amigo mas distinguido, empezando à visitarla y llegando las cosas hasta el grado que hemos visto.

Y se asombraràn nuestros lectores de que este jòven profesase ó finjiese este amor á una vieja septuajenaria, pero ya sabrán la causa de ese amor.

---

[35] Errata, uso de época o idiolecto de Ochagavía, el vocablo 'acortejada' se utiliza en el sentido de 'cortejada'. No figura en el *DRAE* ni en el *DPHD* con esta acepción.

Era porque sus bolsillos no estaban abundantemente provistos para las bacanales y orjias que nuestro leon frecuentaba.

Y como no tenia ni por acaso la menor sombra de delicadeza, apelaba à cualquiera cosa sin eleccion, con tal que le proporcionara medios de consistencia[36].

Hacia negocio con la juventud y belleza con que la naturaleza lo habia dotado.

Dicen que solo pertenece ese tràfico á las mujeres prostituidas, que por un puñado de oro venden sus caricias y belleza sirviendo de juguete à esos hombres sedientos.

Dicen que solo à ese sexo pertenece.

Mentira! Sí, mentira! Los hombres tambien, y mas vil en ellos.

Cuàntos ejemplos, cuàntos *nombres* podrian citarse que viven y ostentan trajes y boato de prìncipes, y sin embargo son obtenidos asì villana y miserablemente.

[p.] 16

Sirven para los placeres de otras tantas Mesalinas cargadas de años y de achaques.

Y no obstante, solo à la mujer viciosa se le arroja de nuestras sociedades, se le apunta como un réptil venenoso. Ciertamente que lo es, pero á ellos, por qué no tambien?

Por qué no se les señala con el dedo y se les desprecia, y no que se les deja sentar al lado de la inocente doncella?

Esos seres son como esos venenos que, con respirar la atmósfera que està impregnada de ellos, marchitan envenenando cuanto alcanza sus hálitos.

---

[36] Utiliza el vocablo con el sentido de 'subsistencia'.

[p.] 17

## CAPITULO V.
**La tierna solicitud de un amigo y la mentira.**

DABAN las cinco de la tarde cuando un elegante jóven se detuvo delante de una casa en la calle de..........

Llamando à su puerta, se presentó un sirviente, à quien el jóven preguntó:

—Està Octavio?
—Si señor; duerme aun.
—Bien. Voy à despertarlo.

Y el criado abriendo una puerta lo introdujo en una habitacion bastante oscura donde penetró esclamando:

—Hola! querido, duermes aun?
—Quién eres? contestò un hombre que dormia en un lecho.
—Yo soy.
—Qué me quieres?
—Soy yo, tu amigo Osvaldo.
—Dios mio! estaba bajo la influencia de una pesadilla horrible por cierto, soñaba con mi ángel malo.
—Hola! con que se ha cambiado?
—No sé à quien te refieres.
—Oh! no sabia que fueran tantas. Yo vengo simplemente à invitarte à una fiesta.

[p.] 18

—No, no cuentes conmigo.
—Y por qué?
—Por que por desgracia tengo mucho que hacer.
—No creo que por eso dejes de ir.
—Porqué?
—Por que te conozco.
—Ya lo creo, pero qué tiene que ver que tú me conozcas?

—Oh! si tiene.
—Veamos.
—Pues bien, te invito á un baile donde concurrirà la flor y nata: tù me entiendes?
—Creo comprenderte, pero he dicho que me es imposible.
—No, no me has entendido. Te diré en una palabra: à una reunion donde no habrá madres ni tias,[37] compuesta de Corina mi apreciable,[38] y otras por el estilo. Creo habràs acertado.
—Eso es otra cosa. Acepto con gusto, si es así.
—Bien: esta noche à las diez vendré por tì, y à la pasada llevaremos algo mas de refuerzo: ya verás como vas á divertirte.
—Perfectamente. Cuànto te agradezco te hayas acordado de mì.
—No tienes que darme las gracias. Entre buenos amigos es obligacion, cuando hay algo que valga la pena.
—Ahora me acuerdo que no puedo ir à las once y media[39].
—Cuàl es la causa?
—Porque à las diez estaré en lo de mi bello àngel.
—Bien. Vendré media hora despues.
—Imposible. Tengo que hacer dos horas mas por lo menos.
—Ya comprendo la clase de tarea: qué reservado eres! Pero no exijo esplicacion: prométeme ir lo mas pronto posible. Tomad las señas; en la misma tarjeta está el nombre que debes preguntar.

---

[37] Era de rigor por entonces que las jóvenes concurrieran a las fiestas acompañadas por una persona adulta que cuidara de ellas.
[38] Parece referirse a la mujer con quien mantiene una relación sentimental.
[39] La hora acordada era 'diez'.

—Cuenta con mi exactitud: iré al momento que me sea posible. Ya preveo que pasarémos una alegre noche en compañia de semejantes beldades. Eres muy amable, amigo mio; gracias à tì, he pasado ratos alegres.

[p.] 19
—Qué quieres, me gusta que mis amigos se diviertan; pero dime porqué duermes hasta tan tarde?

—Qué quieres? hoy à la madrugada cuando me retiraba, dí caza à unas tortolillas que se me habian perdido, y como habia tantos asuntos, me entretuve.

—Eres muy diablo, querido. Me han contado que engañas á una media docena por lo menos de conocidas.

—A no hacerlo asì, me moriria de fastidio. Ese número es escaso, debe ser algo mas. No estoy cierto, no he tenido la curiosidad de apuntar.

—A merveille[40].

—Espera un instante.

—No: tengo algunas ocupaciones relativas al baile. Hasta mas tarde.

—Adios.

—Adios.

Eran las diez de esa misma noche. Octavio se despedia de la señora Herminia y de Alicia, diciéndolas: Cuánto siento dejaros ya! pero un amigo reclama mis cuidados, pues está moribundo y es solo y desgraciado, no contando con nadie sino conmigo; asì es que es neeesaria[41] mi presencia cerca de su lecho de dolor.

Las dos à la vez contestaron: Creed que sentimos en el alma esa desgracia y mucho mas no poder cooperar en algo, pero aun que no sea sino con nuestros votos lo haremos de corazon.

---

[40] Fr. '*à merveille*': 'una maravilla'.
[41] (E) por 'necesaria'.

—Gracias por vuestros nobles sentimientos. Quiera el cielo oir vuestros votos y restablecer á mi querido amigo!

La jóven Alicia le presentó unas frescas y bellas flores diciéndole: Colocad estas flores cerca de la cabecera de vuestro desventurado amigo, que tal vez su fargancia[42] le haga bien.

Contestàndole él:

—Gracias, noble y sensible Alicia! Se conoce cuàn esquisito es vuestro corazon y cuàn puros los sentimientos de vuestra alma generosa que compadece al desgraciado.

Y se despidiò acompañàndole los votos de aquellas honradas personas à quienes él engañaba. Alicia se quedó admirando /

[p.] 20

las bellas prendas de él, à quien ella creia las tiernas protestas y juramentos.

No comprendia hasta donde llega la maldad del corazon humano.

Creia, y se reprochaba el dudarlo, al oir las sagradas promesas y *juramentos* que la hacia.

No sabia que los hombres juran por costumbre inveterada y sin darle valor á lo que dicen.

No sabia que todo es mentira, todo ficcion.

No sabia que cuando por acaso por el instante es verdad, creia que era eterno como se lo decia.[43]

No sabia que esas verdades son de la duracion generalmente de un meteoro, no dejando como él tras sì mas que la señal luminosa por donde ha cruzado.

Sino, llanto, oprobio y desgracia! Si ella hubiera sabido, cuantas penas se hubiera ahorrado!

---

[42] Errata por 'fragancia'.
[43] Construcción confusa.

Alicia estaba sumerjida en las meditaciones que él le ocasionaba cuando se anunciò el señor Telémaco, con quien mas tarde haremos conocimiento.

[p.] 21

### CAPITULO VI.
**El castigo y la maldad en el ùltimo grado.**

Eran las diez y tres cuartos de esa misma noche, y Octavio ya se hallaba al lado de Clemencia en el mismo confidente y habitacion, valiéndose de los medios ya conocidos.

Hacia un instante al lado de un àngel, y ya estaba al de un demonio!

Y sin embargo su fisonomìa estaba igual; su acento era siempre seductor; casi las mismas frases vertian sus lábios!

Hacia un momento que estaban en silencio, pues habian tenido una acalorada disputa, de lo que resultaba la amable Clemencia bastante mustia.

Cuando él, sacando de su pecho las frescas flores que hacia un instante habia recibido de manos tan puras, que se habian marchitado singularmente, porque tal vez no les era permitido respirar aquel vicioso y maléfico aire, pues todas habian cerrados sus pétalos, se las ofreciò diciéndole:

—Aquì teneis una prueba, mi adorada Clemencia, que[44] no pienso sino en vos; yo mismo las he juntado para traéroslas.

Ella le diò las gracias con una mirada capaz de hacer huir los muertos de su tumba, y las llevó à su repugnante nariz; pero tam-/

[p.] 22

bien en el instante lanzò un grito de dolor. Habia tenido una penetrante punzada. El absorto le pregunta la causa.

---

[44]   Caso de queísmo, habitual en el habla coloquial argentina.

Ella le esplica, buscando en las flores, pero solo las encontrò marchitas y cerradas.

No adivinando la causa de aquel horrible dolor, desde ese instante se le declarò una horrenda y penosa enfermedad.

Era una mano invisible! Tal vez que vengaba aquel ultraje hecho á la virtud por aquel hombre.

Pero no, no debe llevar ese nombre ese ser tan abyecto, pues esa palabra solo debe servir para especificar esa sublime obra pura y noble de la naturaleza y no para designar à un réprobo. Pero es necesario profanarla, porque sino, casi seria preciso borrarla de nuestro diccionario. Es triste, pero es preciso confesarlo.

No eran las doce, cuando él siguiendo en sus almivaradas frases, entre làgrimas y suspiros la dijo:

—Ved si soy desgraciado, que ya me tengo que marchar de vuestro dulce lado, donde soy tan dichoso.

Ella con apasionada voz le contestò:

—Por qué razon os alejais de mi lado?

El que compaendiò[45] el estado de ella le contestó:

—Qué quereis? unas malditas cuentas y cartas que tengo que escribir relativas á mi ocupacion.

Ved la causa de mi desventura.

—Soy una cruel en dejaros trabajar, le dijo ella.

—[46]Perdonadme: he sido demasiado dura con vos. Era por que no estaba cierta aun de vuestro amor. Yo os creia, pero tenia celos, sospechaba que alguna otra queriais. He sido injusta, pero culpad solo al mucho amor que os profeso.

De hoy en adelante no trabajareis mas, estoy persuadida que à mi sola quereis.

—Oh! dijo él.

---

[45] (E) por 'comprendió'.
[46] No corresponde la raya. Sigue hablando el mismo personaje.

Cómo habeis dudado de mi, que os quiero y os he querido siempre mas que á mi vida? vos sabeis que sois la primera y única mujer que he amado en mi vida.

—Oh! si lo creo, dijo Clemencia. Ahora si estoy persuadida de vuestro amor, y no es cierto que sereis feliz en poder pasar ratos mas dilatados en mi compaña[47]?

[p.] 23

—Oh! si, esclamó él con exaltacion y demostrándole su cariño con pruebas inequìvocas. Son los momentos mas felices de mi vida los que paso à vuestro lado. Vuestras palabras me deleitan y vuestras miradas me magnetizan y cediendo á esa influencia desconocida que ejerceis sobre mì, entreveo un cielo. Soy completamente feliz cuando estoy cerca de vos.

—Y yo tambien, esclamò ella cediendo al peso de su emocion, y cerrando los ojos, quedó recostada en el confidente, y realmente que lo era de aquellos dos seres.

Inùtil es decir que él la reanimò con los mas solìcitos cuidados, aunque en su fisonomía se leia la mas marcada impaciencia, el mas profundo hastio lo devoraba, mientras desempeñaba el oficio de enfermero.

Al fin de unos cinco minutos abrió sus ojos, casi sorprendió ella esas miradas impacientes, pero él con la velocidad del pensamiento cambiò su disgusto por la mas afectuosa sonrisa y tierno interés. Como muda el camaleon, así mudan ellos tambien.

Despues de un poco de tiempo, le dijo ella estar completamente restablecida. El entonces se marchó, no sin haberle prodigado sus mas tiernos cumplidos y sentidas frases.

Tal vez cause espanto à quien pese en debida forma esta maldad, ver como este malvado le prodigaba amabilidades

---

[47]   Uso anticuado vulgar por 'compañía'.

y contentos á la vez, al inocente y puro ángel y à la infernal vieja.

Pero no todos ven y saben que *cuantos* en nuestros dias que llevan el distintivo de decentes y *caballeros* no deberian llevarlo á la INVERSA!

Se levantan de las mas honradas sociedades, del lado de nuestras puras, amables y bellas porteñas, (me refiero à las que lo son) y à pocos pasos van à sumerjirse en esas cloacas donde se respira solamente la vileza, la miseria, la prostitucion y toda clase de repugnantes vicios!

Y cuantos à confundirse con *clases* que se avergonzarian que les mirasen en pùblico.

Miseria y bajeza, porque el vicio ha llegado à esa altura.

Ojalà estas débiles palabras ocasionaran una reflexion à *algunos* sumerjidos en esa miseria!

[p.] 24

## CAPITULO VII.
### La orjia.

Figuraos en uno de nuestros mas lejanos y solitarios barrios, una gran casa cerrada completamente de un vasto y pasable frente, donde van llegando infinidad de hombres, y que al primer golpe aparece el portero, y pronunciando algunas palabras ó mostrando su tarjeta, cada uno penetra á un hermoso patio, siguiendo por salones destinados para descanso hasta llegar al gran salon. Oh! ese es lujoso á mas no poder, haciendo honor à los directores, uno de los cuales era nuestro conocido Osvaldo. Penetrad al salon y oireis dulcìsimos instrumentos modular y vereis multitud de mujeres ajitarse al compàs de la locura con sus compañeros, llevando en sus rostros impresos el desenfreno y libertinaje descocado. Y por fin qué mas os puedo decir?

Allí fué adonde penetrò Osvaldo primero y despues Octavio, quedàndose hasta que el rey del dia nos hizo admirar sus blandos rizos.

[p.] 25

### CAPITULO VIII.
**La casualidad suele descubrir las maldades.**

LA jòven Alicia se habia impresionado muchísimo al saber el estado del amigo de Octavio. Creia en su imaginacion que era él quien sufria y crecia su afeccion sin saber el motivo. Algo inesplicable no la dejaba descansar.

Al fin al amanecer se quedò dormida. Un horrible sueño vino à interrumpir su ajitado descanso. Veia un formidable motivo que lo alejaba de ella, teniéndolo aprisionado por unas cadenas, pero crecia su asombro cuando veia que eran de oro. Fosfóricas midas[48] la dirijia y estirando una mano parecia la iba à alcanzar.

Lanzó un grito de terror y se despertó: le parecia ver aun aquel horrendo cuadro.

La madre se presentò en ese instante preguntàndole la causa, ella se ruborizò contestàndole seria alguna pesadilla. La señora Herminia conocia el sensible caràcter de su hija, y no dudando seria la causa la conversacion de la noche anterior y para distraerla, la propuso un paseo.

Alicia conociendo le haria bien aceptò, y despues de almorzar se dirijieron à casa de una amiga antigua que tenia dos hijas ìntimas de Alicia. Las jóvenes estrañaron su aire taciturno, ella tan alegre y juguetona.

Cuando una visita que estaba dijo entre otras cosas haber

---

[48] Errata por 'miradas'.

[p.] 26

estado esa noche en un gran baile muy alegre, y entre algunos nombres que citò, nombrò á Octavio y dijo haber sido uno de los que mas se habian divertido.

Alicia no pudo dominar su emocion, y le pidiò algunos detalles sobre el particular, que el complaciente se los diò, à medida que veia una mortal palidez cubria su rostro, y concluido el relato, suplicó á su madre se marchasen.

Se retirò à su casa presa de una violenta fiebre que la obligò à ponerse en cama; pasaban las horas y su mal se aumentaba presentando los mas graves sìntomas.

Permanecia con los ojos cerrados recapacitando lo que la sucedia. No acertaba à esplicarse porque la engañaba, á ella que le habia escuchado con relijioso entusiasmo sus juramentos: no lo comprendia. Su cabeza se perdia en un oscuro laberinto, y eso aumentaba su mal estar.

[p.] 27

## CAPITULO IX.
### El juramento à una madre moribunda.

Cubrió el mundo con su negro manto la diosa de las sombras.

Cayeron las primeras gotas de rocìo nocturno, cual brillantes que se desprendieran de su diadema y en el cielo de zafir brillaron las primeras estrellas.

Cualquiera que fije su mirada en esa bóveda celeste recamada de brillantes, crerá ver en el mundo los ojos de innumerables àngeles que velan por nosotros acà en la tierra.

La luna, esa bella consoladora del solitario, hacia ver ya sus arjentados bucles, marchando tranquila y majestuosa. Y cual una belleza consulta en el espejo, así ella se mira tambien en las magnìficas y plateadas ondas de nuestro hermoso rio, siguiendo satisfecha.

Se respiraba una atmósfera deliciosa y en la alameda se paseaban las bellezas respirando el aroma del rio, emanacion pura.[49]

Cruzaban aquì y allá damas con sus galantes compañeros. Todo era bullicio, todo alegria.

Solo un hombre permanecia silencioso, recostado à un pilar, mirando al rio.

Parecia demandar à las profundidades la solucion de algun enigma. Se sucedian las horas y él no variaba de posicion. Iba

[p.] 28
quedando poco à poco todo aquello desierto, aquello que hacia un instante era bullicio y alegria.

Asì es todo en la vida, todo ilusion. Asistimos à un magnífico sarao, donde nos parece estar entre hadas. Todo allí es luz, armonìa, perfume y felicidad. Y despues de un momento nos encontramos en nuestra solitaria y triste habitacion, léjos de esa vida y belleza que formaba nuestra delicia. Porque todo era ideal casi, pues si vais un momento despues à ese mismo salon, yace en la oscuridad y soledad.

Así es todo en el mundo, fugaz, todo ilusion que se desvanece.

Nuestro desconocido notando lo avanzado de la hora, lanzó una mirada á su alrededor y encaminò sus pasos à

---

[49] La Alameda era una avenida ribereña paralela a la costa del Río de la Plata. En sus comienzos también recibió el nombre de Paseo del Bajo. Durante el Gobierno de Juan Manuel de Rosas se inició su ampliación y la edificación de una muralla que contuviera el desborde del río. De día, la Alameda era el escenario de intercambios cordiales de saludos entre las principales familias "decentes" al cruzarse en sus paseos, como también entre estas y familias e individuos extranjeros residentes en la ciudad. Al atardecer, según numerosos testimonios, se transformaba en "un lugar de cortejo" entre jóvenes. (Devoto y Madero, 1999: 126).

una de las principales subidas. Caminando algunas cuadras, penetrò en el Hotel de.... pues allí era su habitacion, dirijiéndose à su cuarto y sentàndose an[50] su escritorio alumbrado por una làmpara.

Sacó el diario de su vida, comenzando à recorrerlo, moviendo tristemente la cabeza y esclamó golpeàndose la frente:

— De todo esto aquì no hay nada, nada, vacio completamente. Todo es cual flores cuyas hojas se lleva el viento.

Todo se ha disipado. Esto tan fuerte ha perdido su vigor.

Y por qué? .... por esa nueva idea que me atormenta, pero al mismo tiempo me causa placer. No sé por que jamás la he olvidado. Pero qué digo? Olvidarla.... cuando su imàjen cuantas veces se me aparece, cual un àngel rodeàndola una aureola luminosa, y con sus alas refresca mi ardorosa frente y esparce un aroma suavìsimo que calma mis dolores.

Y yo, loco de mì! creo alcanzarla, alargo mi mano, voy à tomarla; pero sonriéndome, desaparece dejàndome en la mayor angustia.

En mis insommios[51] la veo radiante de belleza y alegria, flotando en la oscuridad, entre doradas nubes, rodeada de querubines que la ofrecen ricas flores y perfumes cual si fuera su reina y señora.

Oh! sí, debia solo vivir y reinar entre ellos, y yo aquí. Tiemblo cuando me acuerdo de ese áspid que siempre està cerca de ellas, /

[p.] 29
y que tal vez, tal vez lo ama...... No, imposible! ella no puede querer á un ser tan vil!

---

[50] 'an' es (E) por 'en'.
[51] Errata por 'insomnios'.

Y si no sabe? Pues no deben saber que clase de hombre es ese, pues si supieran, estoy cierto no albergarian en su honrada sociedad ese ser tan vil y vicioso.

Cómo la señora Herminia, tan respetable y decente, si supiese le habia de admitir!

Ay! cuàntas veces he pensado decirla mis sentimientos hàcia Alicia. Pero la palabra ha espirado en mis làbios, me he acordado del sagrado empeño que contraje!

Ay! él causa mi desventura............................................

Infeliz porque no reflexioné............ Creia que no habia de amar à nadie mas que à la inocente Ismene!

Pobre niña! murió su desgraciada madre dejándola desamparada en el mundo. Nos hemos criado casi juntos... Mi madre tambien murió cuando yo vì lu[52] luz de la razon............

Pobre madre! fué poco à poco acabando.... hasta morir!...

Y no pude arrancarla à la guadaña de la feroz parca.... que cortò el hilo de sus preciosos dias. ....

Dichoso mil veces yo, si de un mismo golpe hubiera tronchado tambien los mios... No sufriria como sufro......................................................................................
..........................................................................................................

Diez años hace que conozco à la pobre Ismene.

Jamàs ningun sentimiento en ese tiempo habia ajitado mi alma. Siempre cerca de Ismene, la queria como à hermana, pues mi madre al morir me recomendó à la de Ismene, que era su querida amiga.

Profesándome el cariño de madre esa desgraciada jóven aun! Se llamaba Maclovia.

Me acuerdo que un dia me dijo: Qué serà de Ismene si yo muero? Su corazon se oprimió y torrentes de làgrimas inundaron su pálido rostro.

---

[52] 'lu' por 'la' (E).

Yo la dije: Desechad ese lúgubre pensamiento.
Ella me respondió:
—Algo interior me dice que no será feliz si yo la falto.
Yo la repuse: Injuriais à su hermano: vuestras palabras me ofenden: no confiais en mì, no me creis digno de cuidarla?

[p.] 30
Contestàndome ella:
—Gracias, amigo mio, os agradezco y confio en vuestro noble corazon. Pero bien, pronto la sociedad en que debeis vivir, observará vuestros cuidados todos y os harà olvidar à la infeliz huérfana.
—Jamàs, esclamé con vehemencia... Olvidais que yo lo soy y que he hallado en vos una segunda madre? Si algun dia sucede esa desgracia, yo velaré con la tierna solicitud de un hermano ................................................................
Con el puro é incesante cariño de un padre .....................

Esta conversacion tuvo lugar un mes antes de su muerte. Hacia tiempo una lenta enfermedad la consumia, causada por la muerte de su esposo que hacia algunos años habia dejado de existir en la guerra.

Un dia fui mas tarde de lo acostumbrado: todo era llanto y desesperacion en aquella casa.

Pregunto la causa y se me responde: La señora se muere. Penetro desesperado en la habitacion de ella.

Ismene estrechaba à su madre casi inerte. Al oir mis pasos, vuelve la cabeza esclamando:
—Telémaco! mi madre se muere, y cae cerca de su madre, presa de la mas viva emocion.

La moribunda entreabre sus ojos, contemplando à su hija tristemente. Un raudal de làgrimas se escapa de sus ojos miràndome à mí como pidiendo compasion.

Yo me acerco y la digo: Comprenda[53] vuestra inquietud. Tranquilizaos, yo seré su apoyo. La jóven se habia repuesto un poco, y tomàndole de la mano y con la otra la de la moribunda, que habia perdido el habla, la dije:
—Ismene, tú consientes que sea tu esposo?
—Si, me contestó. Yo entonces dirijiéndome à la agonizante esclamé con verdadero acento:
—Os juro ser el esposo de vuestra hija.
..................................................
Os juro serle fiel y constante...... Si vivis, lo vereis, y si moris lo rectificaré[54] sobre vuestra tumba.

Y tambien lo mirareis de lo alto del cielo.

Permita el Ser Supremo que muera antes que violarlo, y vos /

[p.] 31
tambien lanzadme el anatema del réprobo y delincuente. Que todos se alejen de mì como de un àspid, si lo quebranto.

Ella abrió los ojos miràndome fijamente y apretàndome la mano exhalò un suspiro.

Todo se acabò....habia dejado de existir!

Ismene lanzó un doloroso gemido, y abrazándose del cuerpo de su madre se desmayò.

Yo la levanté y al quitar su mano de la de su madre que la tenia asida, la mano se abrió! apretàndome la mia como un consentimiento y sello à mi juramento, dejando libre la mano de la jóven.

Yo la conduje à su cuarto dejàndola al cuidado de sus amigas.

Yo acompañé esa noche el cadàver y al siguiente dia al depositarlo en la huesa mortuoria, oì una voz que me recordaba mi promesa.

---

[53]   (E.) por 'comprendo'.
[54]   Tal vez el sentido sea 'ratificaré'.

Habian pasado algunos dias de su entierro cuando una tarde rogué à Ismene se levantara muy temprano al siguiente dia. Esa noche encarjué[55] estuviera el carruage pronto al amanecer.

Bien temprano me dirijì al cuarto de Ismene, encontràndola completamente vestida y esperàndome.

La dije: Es preciso que me acompañeis al sepulcro de vuestra madre. Me siguiò silenciosa, subimos al carruage y marchamos dirijiéndonos à la Recoleta.[56]

El tiempo estaba frio y sombrío. Llegamos, y bajándonos, nos dirijimos à la mansion de los muertos. La puerta estaba cerrada aun. Nos sentamos á esperar que se abriese en los descansos de los costados.

Dirijì mi vista hàcia Oriente. Espesa niebla cubria el espacio cual blanco sudario que envolviera al mundo, mudo y solitario como un cadáver.

Los pàjaros no cantaban. Las flores y los árboles no exhalaban perfumes, ni aun la aromática gramilla.

Todo yacia en sepulcral silencio, á no ser uno que otro grito de esas fatídicas aves que pueblan esos sitios.

Un pabellon de negras nubes marchaba hácia el poderoso Fe-/

[p.] 32
bo ràpidamente, cual formidable Sanson que amenazara tragarse à los Filisteos. Asì ellas tambien como feroz dragon parecia iban à tragarse al astro luminoso.

---

[55]   Por 'encargué' (E).
[56]   "En el año 1822 se prohibieron los entierros en las iglesias por iniciativa de Bernardino Rivadavia, quien siendo ministro de Martín Rodríguez, mandó a construir el primer cementerio junto al convento de los Recoletos, muy lejos de la ciudad" (Prestigiacomo y Uccello, 2014: 60).

Pero del centro de ellasmismas[57] se despredió[58] un grupo que tiñéndole completamente, como el caudaloso Nilo defendió á los israelitas de los furores del Faraon.

En ese instante se abrió la puerta y penetramos.

Yo con fé y alegria porque iba à sellar mi voto.

Ella traspasada del mas acerbo dolor, pues iba á contemplar el frio màrmol que cubriera à su querida madre.

Y no podia verla.... Y no podia abrazarla.

Ella que no habia conocido otro àrbol donde apoyarse.

Destrozaba atroz tortura su alma. El mundo la parecia un inmenso desierto cubierto de dilatadas llanuras donde iba á morir de fatiga y de terror.

Llegamos á la negra loza que ostentaba sus blancas letras cual cráneos hacinados donde se leia su nombre y virtudes. A ella la sofocaban los sollozos, y abrazando la funeraria tumba, esclamò:

—Madre de mi corazon! vuelve à la vida.... Mira que vuestra hija va à morir, no puede existir léjos de tí. Tú que eras su único apoyo. Tú que debias guiar sus vacilantes pasos en la escabrosa y difícil senda de la vida.

Oh! sí, esclamé yo dando libre curso à mis làgrimas. Yo tambien tengo destrozado el corazon. Vengo à rectificar[59] lo que os prometì cuando agonizabais.

Si, os juro, tumba venerada, que cumpliré lo que os he dicho.

Tambien lo juro por las cenizas de mi madre.

Yo oi un sordo rumor que parecia reprochar mi voto. No hice caso: creí seria mi exaltada fantasía. Un instante despues nos retiramos.

---

[57] Errata: 'ellas mismas'.
[58] (E) por 'desprendió'.
[59] ¿(E) por 'ratificar?

Ella se marchó al campo à llorar libremente en compañìa de una respetable señora y yo quedé en el pueblo hasta pasar el tiempo conveniente para sellar mi voto.

Hacen seis meses y yo ya he deplorado mas de una vez ese fatal lazo que me une.

[p.] 33

Tengo veinte y cinco años y no soy libre!

Imposible, debo troncharlo. Es una supersticion creer que tengan valor esas palabras. Examinaré el estado de mi corazon.

Amo con delirio à la hermosa Alicia: la he visto pocas veces, y la he dirijido muy pocas palabras. Me parece que si la hubiera hablado mucho, no hubiera podido dominar mi emocion: me hubiera traicionado.

Creo venceré todos los imposibles que me impidan amarla. No, nunca la podré olvidar; pero reniego de ese hombre que siempre està cerca.... siempre hablàndola.... Ah! una desesperacion siento... Los celos.... los terribles celos invaden mi alma y corroen el corazon. Es preciso calma, pero ay! ella me ha abandonado—y fatigado se tendiò en su lecho Telémaco.

[p.] 34

### CAPITULO X.
**La lòjica de un malvado.**

YA es tiempo de ir en busca de nuestro Octavio que se halla instalado en la casa de la señora Clemencia.

Arrellanado en un magnífico sillon à la Voltaire, lo encontramos una mañana cubierto con una elegante robe de chambre de terciopelo negro con vueltas punzóes[60]

---

[60] 'punzoes' es el plural de 'punzó' usado en la época.

de lo mismo. Un gorro turco cubre su cabeza. Magnìficas pantuflas resguardan sus piés: de su boca se desprenden vaporosas columnas de esquisito habano.

Tiende su vista à su alrededor. La pieza està réjiamente compuesta, y con sarcàstica sonrisa esclama:

—Habrà ser que desempeñe con mas tino el papel que le està consignado que yo? Imposible. Una vieja loca me prodiga el oro à manos llenas por algunas palabras y momentos que paso cerca de ella; por que la diga que la quiero, y como me cuesta tan poco, se lo digo à cada instante.

Infinidad de muchachas engaño y seduzco. Una de ellas es un ángel, y no obstante eso no dejaré de engañarla.

En las sociedades se me desea y acoje. Los viejos y jóvenes me llaman amigo.

[p.] 35

Me distinguen y respetan: en todas partes soy querido, admirado, honrado y buscado.

Y todo porqué? Porque sé engañar al mundo con mi destreza; por que el mundo es un hipòcrita à quien se debe pagar con la misma moneda.

De qué sirve, insensatos, que vayais con el corazon puro, si otros os lo han de convertir en harapos nauseabundos?

Obrad con fraude, maldad é hipocrecìa y os vereis navegando por las rejiones de lo infinito. Pero manejad con destreza el timon, porque si dais una caida, adios ilusiones, oro y belleza. Desgraciados si cais[61]: se arrojaràn sobre vosotros cual quemante lava. Os destrozarán recordandoos vuestras menores acciones y obras.

---

[61] Corresponde 'caéis'. Puede ser una errata o una forma vulgar Nos inclinamos por la segunda hipótesis. Se repite este tipo de barbarismo en la obra.

Todo todo lo que sirva á robustecer ese caràcter, y cual un médico con el escapelo en la mano destroza y mutila el cuerpo humano hasta lo mas recòndito.[62]

Así el hipòcrita mundo os destrozará y mutilarà con la crítica y el desprecio. Consumiendoos y disecandoos, os convertiràn en una maza inùtil y desagradable.

Vosotros entonces os arrojareis à sus plantas, y con desgarrador acento y lastimeros ayes implorareis perdon. Pero ellos se reirán de vuestros dolores y os empujaràn mas y mas en el fango.

Tambien se os apareceràn las sombras de quienes habeis sacrificado y con siniestra sonrisa os mostraràn el abismo y empujandoos caereis en el fondo de ese peñasco profundo que se llama miseria; y revolcandoos, implorareis amparo á vuestros mismos compañeros que os daràn vuelta la espalda y finjiràn no oiros, y morireis de miseria y de desesperacion. Asi es que cuidado con caer. Porque un hombre que se eleva, asi es lo que le espera:[63] gobernard[64] con cuidado la brújula y marchad ufanos.

[p.] 36

## CAPITULO XI.
### Hipocresìa en su mas alto grado

Volvamos cerca de la interesante y ajitada Alicia. Pasaban los instantes y su estado se empeoraba.

La férrea mano del desengaño por primera vez la sentia: horrible dardo envenenado que penetra en el corazon.

---

[62] Teniendo en cuenta el párrafo siguiente, es posible indicar que correspondería "Y cual un médico con el escalpelo en la mano destroza y mutila el cuerpo humano hasta lo más recóndito, así el hipócrita mundo os destrozará y mutilará…".
[63] Correspondería 'espera: gobernad' (E).
[64] (E).

Desgarradora desesperacion.... inmensa mas que los desiertos de la Arabia....

Sufria mucho, pero mas atroz fué su pena cuando oyó la voz de Octavio que acababa de entrar de visita, y cuando supo que al saber de su enfermedad, demostró pena é interés, no cabia su corazon en el pecho. Tristísima angustia sentia.

No podia decirle nada.

No podia preguntarle porqué la mentia. Y tenia que dominar su emocion.

Asi se pasò la noche, se desesperaba[65] de su vida, pero se operaba una reaccion, pudiendo mas su juventud y fué cediendo poco à poco su enfermedad.

Al cabo de un mes se levantó, y sentandose en el salon cerca de una ventana miraba tristemente hundirse el sol en el ocaso, desapareciendo sus dorados reflejos.

A ella la consumia una lenta melancolía. Hacia un mes que/

[p.] 37

no lo veia, porque aunque él siempre venia, no penetraba en su habitacion.

Estaba sola reflexionando lo que la pasaba, pues aun que el no la habia dicho nada por que pudiera inferir que no la amaba, la habia mentido y se la habia ratificado en su embuste, pues habia relatado à la madre los sufrimientos y muerte de su amigo, que segun la palabra habia sucedido la misma noche aquella.

Y ella sabia que habia estado toda la noche en una orjìa y como se habia conducido por otras partes. Y quien la abonaba que el amor que la juraba no era una farsa?

---

[65] Debe comprenderse el verbo 'desesperar' en el sentido indicado por el DPD: 'perder la esperanza de que algo suceda, es intransitivo y lleva un complemento con *de* que expresa aquello que ya no se espera'.

Estaba sumerjida profundamente en su pena, cuando se anunciò Octavio. El que no tenia la mas mínima sospecha de lo que ella sabia se condujo con estremos y sentidas frases, renovando sus promesas; pero ella miràndole fijamente, esclamó con el acento mas verdadero:

–Vos me engañéis[66]; no es cierto lo que me decis, yo lo sé todo.

El se quedò cual fria estàtua, pues creyó descubiertas sus patrañas, pero reponiéndose la dijo:

—No os comprendo, esplicaos.

—Pues bien: he sido vìctima de vuestra perfidia. Sé vuestra idea[67] al baile y vuestra conducta en él.

—Y solo eso causa vuestro enojo?

—Os parece poco?

Las sombras que anublaran su frente se desvanecieron: habia creido que ella sabia su vergonzosa relacion con la vieja, asi es que lo que comprendió que nada sabia sobre ese particular su fisonomia tomò la espresion de las mas viva pasion y profundo sentimiento y esclamó arrodillándose:

—Os han engañado. Tal vez algun envidioso de mi dicha ha querido desvancarme, perderme ante vos. Nombràdmelo al instante, su nombre os suplico.... Raptor vil y cobarde, que se vale de una mentira y suposicion, para quitarme vuestro amor, para robarme mi ùnica felicidad acá en la tierra, que consiste en vuestro amor. Robarme vuestro amor equivale à arrancarme el corazon, la vida, à hacerme morir de desgracia y desesperacion.

[p.] 38

Decid el nombre de quien ha sembrado tan horrible sospecha en vuestro tierno corazon.

Estas y otras frases repetia el hipòcrita.

---

[66] (E) por 'engañais'.
[67] (E) por 'ida'.

Ella cediendo à un poder magnético que él ejercia sobre su corazon esclamó:

—Conque me habia engañado y habia dudado de vuestro amor? Oh! perdonadme el haber vacilado.

—Conque es cierto que me amais? repetia él.

Que esas dulcìsimas palabras vengan à herir mi oido y refrescar mi ardiente imajinacion, decidme que me amais, que vuestros divinos lábios repitan tan celestial palabra.

—Oh! si, os amo, dijo ella venciendo su timidez.

Si, es preciso que os diga que casi he muerto por vos, creia que me engañabais, creia mentìra vuestras promesas. No sé por que tengo un siniestro pensamiento que me causa pena y desconfianza.

—Es porque no me amais como yo os amo: creed que aunque otro me asegurase que me engañabais, no lo creeria, hasta que por mis ojos no me cerciorarse.

—Haceis bien, porque yo nunca os he de engañar, creedlo.

—Yo lo creo, porque dudarlo seria inferiros una dolorosa ofensa y herida, como la cruel y lacerada que me habeis hecho, porque dudasteis de mì.

—No sé la causa, ya os lo he dicho; pero perdonadme en vista de mis pocos años é inesperiencia.

—No, no me ofendeis: me lastimais, y teneis que curar esa herida à fuerza de quererme como yo os idolatro.

Concededme una cita donde con libertad y solos completamente pueda deciros cuanto os quiero y oiros sin importunos que vengan á interrumpir nuestros recìprocos juramentos.

—Una cita y cómo?

—Abriendo la puerta de vuestro cuarto, dejad lo demas à mi cuidado; ò bien à algun paraje convenido que acudais. Ved que todo es muy fàcil.

—Eso no puede ser. Mi mamá se enojaria.

—Ocultàdselo.

[p.] 39
—Mirad que un buen hijo nada debe ocultar á su madre.
—No, no me amais.
En ese instante penetró la madre y callò no estrañando la visita que era casi diaria.
Se hablò de la enfermedad de la jóven, y de infinidad de mas asuntos. El dijo:
—No sabeis que he ido de paseo por un poco de tiempo à una quinta, en casa de un viejo y honrado amigo, y su esposa excelente viejecita que me quieren ambos como si fuera hijo, previniendo mis deseos los menores.
—Cuànto nos alegramos y deseamos seais completamente feliz.
—Gracias, pero creed no soy feliz. Paciencia! así es el mundo, dijo Octavio lanzando un amargo suspiro, y levantándose se despidiò diciendo:
—No podré venir pronto, pues tengo grandes asuntos, siendo muy feliz en veros restablecida.
La jóven le mirò tristemente. El le lanzó una mirada de través á donde[68] iba encerrada su perdicion.
Ella quedó triste y alegre. Triste pues veia en su rostro marcado el disgusto por lo que ella no habia aceptado su insinuacion. Alegre por que se habian desvanecido sus crueles creencias, y lo habia visto mas rendido que nunca.
Infeliz! no sabia el horrendo huracan que tal vez amenazaba su cabeza, pues aquel malvado era capaz de todo lo malo.

---

[68] 'a donde' por 'en la cual'.

[p.] 40

## CAPITULO XII.
### Un encuentro feliz.

OS acordais del hermano de Alicia à quien no hemos hecho sino entreveer[69], el jóven Alfredo?

Pues bien, os lo presento ya recien llegado de un viaje.

Era bello, amable y elegante, lleno de delicadeza y cariño para con su mamá y hermanita.

Tambien amaba, pero de muy distinto modo al de Octavio; quien formaba ese cariño lo merecia, pues era un conjunto de todas clases de perfecciones. Ya vereis.

Iba Alfredo una tarde paseando, dirijiéndose al alegre Retiro, donde nuestras bandas de música militar hacian oir ya sus selectas y armoniosas notas, atrayendo multitud de paseantes.

Al cruzar una calle, viò Alfredo dos lindas muchachas, que tambien parecian dirijir sus pasos al paraje indicado, llamándole bastante la atencion.

La mayor tendria unos diez y ocho años. Era alta, su color de alabastro, dejaba ver unos hermosos y melancòlicos ojos coronados de lindas pestañas y espresivas cejas suavemente arqueadas.

Su abundante y sedoso cabello levantado y liso dejaba ver bellas facciones, descubriendo una linda oreja digna del cincel del mejor artista.

[p.] 41

Su talle perfecto y contorneado cuerpo, su andar majestuoso, su conjunto todo atraia al mismo tiempo que inspiraba respeto.

---

[69] 'entreveer' por 'entrever'.

La otra niña parecia ser su hermana: tendria uno ò dos años menos. Era de una belleza estraordinaria, de esas que no es dado à la pluma describir, pues se estrella su incapacidad ante esos seres aereos y anjelicales.

Alfredo no pudo menos de clavar sus ojos en la mayor, cediendo á la influencia magnética que ejercia sobre todos los que admiraban las perfectas gracias con que la naturaleza pròdiga hasta el estremo la habia dotado.

Llegaron á la plaza deteniéndose à escuchar una magnìfica partitura de uno de los mas célebres maestros.

Despues de oir un poco de tiempo descendieron por la bajada que va á acabar donde hoy se alza grandioso el histórico paseo Guardias Nacionales.[70]

Alfredo las seguia à lo léjos como encadenado por un alambre eléctrico.

Despues de dar una vuelta, subiendo se retiraron: él las seguia siempre desde léjos sin quitar un momento la vista, hasta que ellas deteniéndose delante de una casa, penetraron, comprendiéndose ser su habitacion.

El se retiró pensando: Yo sabré quien es. Buscaré modo de ser presentado en su casa; veré algo, cuando repentinamente se detuvo: una idea se presentó ante su imajinacion.

Aproximándose entonces à la ventana de la casa donde habian entrado, con resolucion se dirijiò à la mas jòven que estaba cerca de la ventana sentada en una butaca, y saludàndola, le preguntó un nombre que ella no conocia, diciéndole: Aguardad un instante, lo voy á preguntar à mi mamá.

En ese instante una señora se presentó, à quien él saludò respetuosamente. La niña interrogó à su madre sobre el particular, la madre contestó à él diciendole:

---

[70] El paseo de la Guardia Nacional estaba en los bajos de las barrancas de Retiro.

—Caballero, ignoro completamente ese nombre: me es desconocido.

La niña dirijió sus bellos ojos hàcia él, notando su semblante cubierto de angustia y dolor, y cediendo sin poderlo remediar à su caràcter amable y franco, le dijo:

[p.] 42

—Pareceis sufrir algo, entrad á descansar, si os place.

La madre la reconvino cariñosamente diciéndole:

—Sois indiscreta, niña.

El contestò diciendo: —Gracias, señorita, sufro ciertamente mucho, pero no debo incomodar.

Ella con su franqueza habitual le contestó:

—Nunca incomodareis, entrad.

El se resistia, pero la señora que se conocia ser de una esquisita y verdadera educacion social, le invitó tambien, pues la liberalidad en ciertos casos es una de las necesidades primordiales de la buena educación.[71]

Una alegría desconocida penetró en el alma de Alfredo.

Lo hicieron entrar siguiendo la niña con amabilidad y sencillez sus atenciones, ofreciéndole algun confortativo.

El lo rehusò diciendo estar casi bien con un vaso de agua con azahar que le presentaron inmediatamente.

Despues de dar las gracias, diciendo su nombre y acordando no ser la primera vez que las veia, se disponia á marcharse.

Ellas recordaron haberlo visto de visita en casa de unas amigas respetables.

---

[71] El comportamiento de los personajes parece adecuarse en esto a la conducta recomendada por Manuel Carreño en su *Manual de urbanidad y de buenas maneras*, donde señala: "Si encontramos a una persona en una situación cualquiera en que necesite de algún auxilio que podamos prestarle, se lo ofreceremos desde luego aún cuando no tengamos con ella ninguna especie de relaciones" (1853: 36).

Apareció la otra niña, causa de las penas —¡Erlinda! esclamó la niña Minerva, que así se llamaba la menor.

—Ved este señor: sufria, le hemos hecho descansar y dice hallarse mejor. No es cierto? dirijiéndose à Alfredo que saludaba à Erlinda con visible emocion.

—Sì, señorita, contestò él, gracias à vuestra compasion y amabilidad estoy casi completamente restablecido.

—No podeis figuraos cuán feliz soy en haberos podido proporcionar algun alivio. Me hace mal ver sufrir, y si yo pudiera no habria penas en el mundo, creedlo, repuso Minerva.

Contestándole Alfredo: —Poseis un bello corazon, pero por desgracia casi nadie se os parece.

—Pues mi hermana tiene igual caràcter. Si vierais como sufre cuando ve desgraciados! Ayer por ejemplo......... Pero insensata de mì! cuando debia cooperar à vuestra alegria, casi os he relatado una historia bien triste por cierto........... Querida Erlinda, corred vuestros dedos por el teclado y hacednos oir algunas suaves melodìas.[72]

[p.] 43

Dirijiéndose à Alfredo:

—Que creo os distraeràn suavizando vuestros sufrimientos. La música ejerce una influencia poderosa sobre los nervios y como creo vuestro mal dimana de ellos...........

—Sois amable à mas no poder y benéfica, le contestò Alfredo, y si no temiera, uniria mis ruegos à los vuestros.

—Minerva, le contestò Erlinda, pareceis una niña, sois indiscreta.

—Si lo haceis regularmente, por qué no hacerlo? le contestó Minerva.

—Sed generosa, os lo pedìmos, dijo Alfredo.

---

[72] Las mujeres de la época aprendían, además de lectura, escritura y operaciones aritméticas fundamentales, costura, bordado, canto, ejecución de instrumentos de música (en especial piano, guitarra y arpa).

—Seria dichosa en poderos complacer pero no toco ni pasable[73].

—Pero, hermana mia, dijo Erlinda[74], sois egoista y no quereis transportarnos à las divinas rejiones de la armonía, os lo suplicamos.

—Ved vuestra hermanita ha sido y es tan generosa: acceded.

La amable y condecendiente[75] Erlinda fué à sentarse al piano ejecutando con sus àjiles dedos una dificil cromàtica[76] armoniosa y pura cual el esquisito àmbar de las flores al abrirse, que elevàndose al cielo, parecen dar gracias à quien deben la vida.

La jòven hizo sentir algunos elocuentes pasages de esos grandes hombres que en sus dulcísimas notas hacen sentir y comprender mas que con la palabra.

Arte divino! Sublime inspiracion que existe en la tierra para alivio de los mortales! Intérprete fiel, bàlsamo consolador, todos te bendecimos!

Erlinda dejó el piano y él se dispuso à partir, agradeciendo infinito todas las bondades que le habian prodigado, y à su jóven enfermera pidiendo perdones, y haciéndose recìprocamente ofrecimientos á la señora, y pidiendo venir alguna vez à ofrecer sus respetos..... Que le fué concadido[77] generosamente.

—Y es una obligacion en mí, dijo él, hacia mi jóven médica, pues seria ingratitud de mi parte.

—Y no os creo capaz de ese vicio que segun Platon es el mas grande, contestó Minerva.

Y alegre y feliz se retiró, dando gracias á su benéfico hado que le habia deparado aquel ánjel.

---

[73]  Error todavía frecuente en el habla coloquial argentina: el adjetivo usado como adverbio.
[74]  Errata de autora o de imprenta: corresponde 'Minerva'.
[75]  (E) por 'condescendiente'.
[76]  Sobrentendido: escala.
[77]  (E) por 'concedido'.

[p.] 44

## CAPITULO XIII.
**La fuerza de un nuevo amor, y lo que son diez y seis años.**

Hagamos conocimeinto[78] con el hombre de la promesa, que es aquel Telémaco que os ofrecì.

No debe sernos desconocido, pues segun las apariencias debe jugar un rol[79] importante.

Era de aspecto sério y orgullosa mirada. Pero al mismo tiempo llevaba en su frente impreso el sello de algun dolor oculto pero acerbo y reprimido con trabajo.

Su moreno color armonizaba su frente que surcaban numerosas arrugas, sus espesas pestañas sombreaban sus altivas pero tristes miradas, dàndole un aire de respeto.

Era reconcentrado en sì mismo. Muy pocos amigos tenia..... Pues le era corto el tiempo para deplorar su desgracia.

Es de advertir databa esa tristeza desde la muerte de la madre de Ismene. Pues antes sino era alegre siempre, era melancòlico pero amable.

Tenia razon en su pena y desesperacion. No apropósito para atraer las simpatias de alegres amigos.

Sostenia atroz lucha entre su honor y su amor.

[p.] 45

Su honor que le imponia cumplir con su sagrada promesa, que haciéndole vibrar las mas sensibles cuerdas de su corazon, le aparecia grande, fuerte y séria, demostrándole su obligacion.

---

[78] (E) por 'conocimiento'.
[79] Galicismo (de *jouer un rôle*). Aunque puede ser un anglicismo (de *to play a role*), Ochagavía no evidencia conocer el inglés.

Y al mismo tiempo le demostraba la desventurada é infeliz huérfana confiada à su cuidado por una madre moribunda, no teniendo mas apoyo que él en el mundo.

Este cuadro desolador no podia menos de sensibilizarle.

Y con su amor reciente pero fuerte y verdadero hacia aquel ser aereo y divinal, lleno de encanto y poesìa, que le atraia por una fuerza irresistible, no podia olvidarlo un instante. Pero repentinamente se le aparecia su promesa. Horribles momentos! una intensa desesperacion sentia, que le desgarraba el pecho royéndole las entrañas.

Pero su pasion la robustecia con la vista de ella. Y à su promesa la cubria el negro y tupido velo del pasado, gastándola ese fuerte y jòven iman.

Todo lo pasado tiene que abatir su noble cerviz ante el presente. Son pruebas irrecusables los grandes héroes que yacen en el olvido.

Mientras que por el momento observan en nuestras algo que no merece la pena, solo porque es nuevo.[80]

Una noche Telémaco pasaba por la calle del Perù. La plàcida luna hacia lucir sus hermosos bucles. Hacia un mes de su voto. Alicia con su mamá, tambien se deslizaba por esa lucida y alegre calle, visitando algunas de sus lujosas tiendas. Al salir de una de ellas, una hermosa flor que adornaba su pecho se desprendiò cayendo al suelo.

Ella se inclinaba á alzarla, cuando un galante jòven se la presentó haciéndole una respetuosa reverencia.

Ella le diò las gracias con una mirada en que iba retratada la amabilidad y candor, siguiendo su camino.

El se quedò hechizado: desde ese instante no tuvo tranquilidad, siendole imposible permanecer sin buscar modo de acercarse á ella.

Los dias y las noches se pasaban en amargas reflexiones, al acordarse de su voto.

---

[80] Enunciado incomprensible, no nos aventuramos a hacer conjeturas.

[p.] 46
Horrible tortura despedazaba su corazon: no vivia: ajitadas convulsiones le ocasionaba aquel vínculo que casi lo consideraba sagrado.

Cambiaria con gusto la muerte por la vida. Su existencia era una pesadìsima carga insoportable. Buscaba en su imajinacion algo con que cortar ese lazo.

Pero se alzaba imponente, lùgubre y aterrador el funeral ataud. Veia una descarnada mano que le mostraba un despeñadero profundo adonde debia caer desde que violara su juramento.

Pero violarlo equivalia à tronchar la férrea cadena que aprisionàndolo lo hacia morir.

Hasta que le fué imposible sufrir mas tiempo y se resolvió à buscar modo de penetrar hasta Alicia. Esa era otra dificultad. Como tenia pocos amigos, todo para él era una cadena de desgracias.

Pero nó faltò alguno que visitara[81] en casa de Alicia y lo presentò. La jòven al reconocerlo no pudo menos de fijarse.

Como tenia buena y variada conversacion y era amable aunque con alguna tintura de melancolìa, complació á todos su presencia.

Telémaco no se atrevia à mirar á Alicia, conversando con la madre y demas visitas. La señora Herminia gustò mucho de él al comprender su esmerada educacion. El agradeció la finura y amabilidad de ella. Se ofrecieron cuestiones de bastante fondo, discutiendo y analizàndolas él con mucha perfeccion y maestria.

Al despedirse le ofrecieron pura y sìncera amistad. El entusiasmado la aceptò, haciendo por su parte iguales ofertas con ánimo de cumplirlas. No podia acercarse sin emocion à aquella casa donde se albergaba el ànjel de sus ensueños. Y empezò à visitarla.

---

[81] Uso de 'visitar' como verbo intransitivo.

Ved ahí como fué el conocimiento de Telémaco con Alicia.

........................................................................

A quien él debia su desgracia si asì se puede llamarse[82], la niña Ismene, no debe sernos desconocida. Era bella cual la diosa del sufrimiento. Tenia diez y seis años.

Edad feliz y llena de ilusiones, en que el mundo nos aparece al través de un espeso y verde follaje. Se le comprende lleno de alegria y bullicio, rebozando vida y felicidad, todo color de rosa.

[p.] 47

Y mas allà nuestros inespertos ojos divisan un lejano horizonte flotando entre brumas vaporosas, cubierto de flores y verdura, alfombrados sus caminos de riquísima vegetación.

Salpicado de bellas fuentes, destilando brillantes mezclados de cristalinas gotas, està encerrado y lo guardan aquellas fosfóricas miradas que hemos visto fijarse mas de una vez en nosotros, resplandecientes y rodeados[83] de una aureola luminosa en el fondo del cuadro de nuestras ilusiones. Las creemos el faro que alumbra nuestro camino.

Ay! no sabemos que quizàs son los escollos que haràn tal vez naufragar nuestra débil barquilla al llegar al fin.

Todo en esos años es ideal. Edad feliz en que estamos adormecidos, pero al despertarnos tristìsimos desengaños nos esperan!

A esos años las rosas de las mejillas de Ismene se habian marchitado. Se habia apagado el fuego de sus ojos, sus miradas tristes y desoladas, su lànguido andar, sus

---

[82] Nótese la duplicación de 'se'. Puede ser obra de la autora o del cajista.
[83] ¿(E) por 'rodeadas'? Tal vez el género se distorsiona por la presencia de 'nosotros'.

pàlidos làbios y melancòlica fisonomía, era el mas perfecto retrato del dolor.

Vivia en el campo en compañìa de la respetable y virtuosa señora Odila á quien habia sido confiada.

Su única diversion consistia en su jardin que ella misma cuidaba. Y las plantas queriéndola recompensar producian ricas flores, con que adornaba una pequeña y sencilla capilla donde se celebraba siempre algo por el alma de su madre.

Tambien salia à pasearse por los alrededores, á donde las buenas mujeres de por allì la buscaban por ver modo de consolarla, ofreciéndola cuanto creian podria complacerla.

Ella se los[84] agradecia con una sonrisa, pero volvia à caer en su habitual apatia. Un dolor inconsolable iba carcomiendo su existencia.

Lo que causaba infinita pena à esas buenas y cariñosas jentes.

[p.] 48

## CAPITULO XIV.
### Amabilidad con las muchachas, y el apreciable Eudoro.

LA vieja Clemencia, como recordarà nnuestros[85] lectores, habia ofrecido y cumplido à Octavio hacerlo cesar en toda clasede[86] ocupaciones, instalàndolo en una elegante habitacion réjiamente adornada, pues aunque vieja y fea, tenia buen gusto, como lo prueba su adquisicion, cuidàndolo y proporcionàndole cuanto el gusto mas esquisito puede apetecer.

Lo encontramos en este momento sentado delante de su escritorio incrustado de nàcar al que adorna un

---

[84] Plural inducido por la idea de 'cuanto creian'.
[85] E por 'recordarán nuestros'.
[86] (E).

precioso jarron etrusco lleno de estrañas y hermosas flores que ella cuidaba diariamente de refrescar y que por una estraña coincidencia siempre las encontraba marchitas; y apoyando neglijentemente su brazo en una estàtua de mármol que representaba al alado y ciego dios del mayor aprecio de Clemencia, y ojeando un magnífico album lleno de pinturas y jeroglìficos que él miraba indiferentemente, cuando llamaron á la puerta de su habitacion.

—Entrad —esclamó con visibles maestras[87] de disgusto, creyendo fuera su amable huéspeda[88] que no dejaba un instante de hacerle grata compañìa. Ella lo creia asì. Pero à él lo hacia pasar ratos de esplin bastante àgrios por cierto.

[p.] 49

Pero la infleccion de su voz se dulcificó al encontrarse con su confidente y amigo Osvaldo, que le dijo:

—Sabeis que el aire libre os hace mal?

—Porqué?

—Por que os hallo àgrio y descontento.

—Qué quereis? nunca faltan vicisitudes en este valle de miserias.

—Decid mas bien de lujo.

—El lujo no tiene gran valor para mì.

—A fé que no cambiarias vuestra antigua habitacion por la actual.

—Cierto que no.

—Pues bien, entonces qué pena os puede aquejar?

—No es pena sino enojo lo que sufro.

---

[87] (E) por 'muestras'.

[88] Según *DPD-DRAE*, 'huésped' "significaba en un principio 'persona que da alojamiento a otra', sentido al que se añadió después el de 'persona que se aloja en casa de otra'. El castellano *huésped* heredó ambos sentidos y llegó a significar, incluso, 'dueño de una posada o pensión' [...] Con el tiempo, y para evitar anfibologías, fue perdiendo el primero de los sentidos indicados, y hoy se usa casi exclusivamente con el segundo".

—Y quién puede causárosla en medio de este réjio aparato? contad conmigo si en algo puedo ser útil, sin cumplimiento.

—Tal vez los buenos amigos nunca estàn demas. Y tan preciosos como tù jamás son importunos.

—No sé cómo interpretar tus palabras, si como indirectas de disgusto hácia mí ó lisonjas.

—Ni lo uno, ni lo otro, estais engañado en vuestras aserciones. En primer lugar, si me incomodaseis, no necesito ocultároslo, y la lisonja es moneda que no uso con hombres, por que si asì fuera, de tanto vertirla[89] se estinguiria, y es algo que guardo ileso y entero para solo las muchachas, con el mayor cuidado. Si lo supieran me agradecerian la tierna solicitud. No es cierto que soy galante?

—Con ellas sí, pero conmigo no.

—No me comprendes, ingrato?

—Llamarme à mí ingrato!

—Ciertamente que no dais el valor á mi cariño.

—Ahora venis con cariño, no os comprendo, palabra de honor.

—Necesitaré explicaroslo.

—Sino me quedaré en ayunas, como dicen vulgarmente, y no soy afecto, os lo juro.

—Ya lo creo, pero como os iba diciendo, interpretais malí-/

[p.] 50

simamente mis palabras afectuosas. A vos os quiero de veras, y à ellas las engaño, pues solamente me burlo; estais?

—Ya, pero como eres tan difuso, no os habia comprendido. Si os hubieras esplicado mas claro, cuantas desazones me hubieras ahorrado? he temblado, creia veros con el florete en la mano amenazàndome.

---

[89] 'vertir' es vulgarismo por 'verter'.

—Cesa tus temores, buen amigo, y te contaré el motivo de mi rabia...... Figúrate que no ha querido acceder à una cita que la proponia; y puedes calcular mi indignacion al ver frustrados mis planes.

—No desesperes. Eres muy jóven en el mundo y no conoces las escaramuzas que son necesarias en esos casos. A mí si que me dá: ni la mas pintada escapa á mis certeros tiros. Tú no sabes que los buenos capitanes emplean siempre calma y prudencia aun para el asalto. Pero los que no son peritos no obran con esas cualidades.

Esto es lo que te sucede á vos, quereis del primer golpe alcanzar todo. Eso no puede ser. Esperad que las cosas lleguen á su mayor grado, y entonces, si, abordadlo de frente. Yo seré el primero en ayudaros. Ya os he dicho, contad conmigo.

—Gracias, amigo, pero hay ciertos asuntos para los que la ayuda de un buen compañero no es nada, pero sí oigo con gusto vuestras reflecciones, creedlo.

—Pues bien, dejad que la muchacha crea ser vuestro ídolo, sufriendo cuanto podais, que así vos vendreis à serlo insensiblemente de ella. Y entonces cuando os quiera mucho y en realidad, entonces hareis lo que querais de ella. Se dejarà conducir con una facilidad fabulosa. Adoptadlo: mirad que lo que os hablo es fruto de la esperiencia.

En ese instante se oyò una chillona y cascada voz que decia:

—Se puede entrar, mi querido Octavio?

—Entrad, contestò Octavio y se presentó nuestra conocida y apreciable Clemencia, vestida con un peinador mas blanco que su despoblada cabellera que no habia pasado aun por su acostumbrada tintura.

—Venia á preveniros que el almuerzo os espera, dijo ella[,]

[p.] 51
en la creencia que la conversacion de vuestro buen amigo os hace olvidar á los otros. A él tambien invito, dijo dirijiéndose à Osvaldo.

—Gracias, señora, lo haré solo por complaceros, dijo Osvaldo y se tanteaba su estòmago. Y siguiéndola se dirijieron al comedor, instalàndose al rededor de una mesa bien provista.

Un instante despues apareció el dueño de casa, el célebre Eudoro, pidiendo mil perdones por la tardanza, à quien Osvaldo saludò con deferencia. El le correspondiò.

Pero cuando llegó à Octavio, se empezó tal lluvia de afectuosos cumplidos y reverencias, que ciertamente si hubiera sido granizo hubiéramos tenido que temer por los dias de nuestro amigo, pero por suerte quedó completamente sano.

Despues de instalados en sus respectivos asientos, empezó de distinto modo. La mujer y el marido se esmeraban en hacerlo pasar su cautiverio lo mejor posible, segun sus mismas palabras.

Cuando el respetable Eudoro supo que Osvaldo era ìntimo de su fiel amigo, le pidió mil perdones de no haberle notado.

Despues de concluido el almuerzo, se dirijieron al jardin, diciendo Eudoro al tomarse del brazo de Osvaldo:

—Cuàn feliz soy en tener un compañero con quien pasear y conversar! Por que, Octavio, no se puede contar él, se va con Clemencia à pasear y ¡adios! ya no los vuelvo à ver hasta unas cuantas horas. Ya se vé, le fastidiaria con mi cansada conversacion; es tan chistosa y amable que es imposible resistir à sus gracias.

—Creis que mi amigo esté fuera de ellas? preguntó Osvaldo.

—No creais, si solo á mi es à quien pertenecen y alcanzan.

—Mirad que no, mirad que ella puede repartirlas, le dijo Osvaldo.

—Callaos, callaos, caballero, no ofendais, ni injurieis el honor y fidelidad de mi esposa, esclamò Eudoro.

—No es ofenderla ni injuriarla, es solamente deciros que podia seros infiel, repuso Osvaldo.

—Cesad, cesad, no sabeis la grave injuria que la inferis, ella tan virtuosa! Sois injusto demasiado.

[p.] 52

Mientras tanto por el costado opuesto se pasaba muy diferente escena. Era singular realmente el aspecto que ofrecia aquel hombre en la aurora de su vida, en compañia de aquel otro diforme[90] y feo llegado à su ocaso.

Osvaldo dejando á Eudoro, fué à reunirse con Octavio y su compañera.

Quedando él tristemente murmurando: Bien dice Clemencia que soy viejo, feo y desagradable, todos huyen de mì, mientras que à ella la buscan à porfia: como es tan amable y seductora!

He hecho una brillante adquisicion cuando me casé con ella.

No sé realmente còmo pude[91] quererme, y cuànto me quiere!

Y ese insensato ha tenido la osadìa de dudar de su fidelidad é insinuarme à que yo dude.

Cuando encontró Osvaldo à su amigo y compañera, se despidiò de ambos. Pero Octavio pretestando acompañarlo, dejó á Clemencia, quedando ella bastante enojada de su abandono.

Y al verlos salir de paseo, se aumentò su mal humor.

---

[90] Este vocablo, con el valor de 'deforme', es propio de un lenguaje antiguo y vulgar.

[91] (E) por 'puede'.

[p.] 53

## CBPITULO[92] XV.
### El desengaño y la declaracion.

LUCHABA Alicia entre su amor y obligacion. Ella sabia que no debia acceder à semejante proposicion en el mero hecho de ser algo que tenia que ocultar á su madre, à quien nunca habia dejado ignorar absolutamente nada. Y ese disgusto no dejaba de hacerle mal. Pues creia que á él le causaria pena y lo atribuiria como lo habia dicho á que ella no lo amaba, y en su imajinacion buscaba modo de quitarle esa idea.

Pasaban algunos dias y Octavio no parecia. Pero un estraño incidente la vino à mostrar la horrible y desnuda realidad.

Una tarde se dirijió Alicia con su mamà à la casa donde habia sabido la ida de Octavio al baile. Hacia un tiempo delicioso y sus jòvenes amigas la propusieron ir à una visita à casa de unas señoras muy amables con su hija.

Ella accedió y se pusieron en marcha, llegando la presentaron como su amiga distinguida, la niña era muy alegre y gustó mucho de Alicia. Era una hermosa quinta aquella semejante à un vergel.

Estando las amigas de Alicia sentadas en la ventana, pasó Oc-/

[p.] 54
tavio en compañía de Clemencia. Las alegres muchachas prorrumpieron en carcajadas al ver la desigual pareja.

La jòven dueña de casa les interrumpió diciéndoles.

—A que no sabeis el rol que juega ese personage cerca de esa desagradable vieja?

---

[92]   (E) por 'CAPÍTULO'.

—No, dijeron todas à una voz.
—Pues yo lo sé perfectamente.
—Contàdnoslo, esclamaron.

Y la jóven hizo el relato en pocas palabras del rol de Octavio cerca de Clemencia, todas reian mucho, admirando la conducta de aquel jòven tan elegante.

Alicia oia con calma y aparente sangre fria. El desengaño penetraba en su alma mas tranquilament—[93]. Ya habia sufrido otra vez haciéndola profundas heridas. Pero esos primeros los habia él amortiguado con sus melosas palabras. Pero ahora se volvian á abrir pues en poco tiempo no habian cicatrizado aun.

Veia que segunda vez la engañaba. Y al comprenderle creyó sufrir mucho. Pero solo halló en su corazon desprecio é indiferencia para él.

Por que cuando una mujer quiere positivamente y se vé engañada, una estraña reaccion se opera en su corazon.

Aquel grande[94] cariño y verdadero amor se convierten en el mas profundo desprecio é indiferencia.

Al otro dia à la tarde que meditaba Alicia entre si sobre la maldad de Octavio, empezaba à entristecerse al considerar cuan grande era la maldad de aquel corazon que ella habia creido puro.

Buscando distraerse se sienta al piano, empieza el magnìfico trozo de una ópera nueva, cuando se anunciò el Sr. Telémaco que saludándola le dijo:

—Se comprende cuàn feliz sois.

Ella admirada de semejante salida le contestó: Y por qué creis que soy feliz?

—Porque desde que os ocupais de mùsica debeis serlo, dijo él.

---

[93] (E) por 'tranquilamente'.
[94] Uso, bastante generalizado en la época, de 'grande' sin apocopar.

—Veo que vos no la dais todo su valor desde que juzgais así, le contestò Alicia.
—Cierto que si, contestó él.

[p.] 55
—Y entonces por qué lo decis?
—Porque solo para los seres felices es grata la música, pues para los desgraciados, solo respira àgrios y descompuestos sonidos.
—La inferis una injusta ofensa que no merece, ó tal vez la tomais bajo un punto de vista muy equívoco.
—Puede ser, pero esas son mis creencias; indicadme las vuestras.
—Pues bien, segun las mias, la mùsica no ejerce tanta influencia sobre los seres felices como en los desgraciados. Los felices, su dicha no los hace ser tan filósofos. Por consecuencia las armonìas los rijen casi con indiferencia, pues en su felicidad estàn embriagados. Pero el desgraciado encuentra en cada *sonido* una voz amiga y sensible, en cada *acorde* un consuelo, en cada *armonia* una frase cariñosa, en *cada partitura* algo que calma la ajitacion de su alma, y por fin en toda ella un divino talisman que mitigando su ardiente desesperacion, casi entrevé felicidad.
—Poseis un bello concepto de ella, que no dudo sea cierto.

Pero à mi cuando soy desgraciado me hace mal, al recordar momentos mas felices que pasaron. Y al acordarlos y verme infeliz me traen mas amargura.

Pero cuando he sido feliz completamente, ensanchando mi corazon dà mas cabida al contento. Los alegres *trinos* se armonizan con la dulce alegria, y las sentidas *cavatinas* y bellas *sonatas*, se confunden con mi felicidad y dicha.

Lo que os hacer vertir[95] esas palabras, es que no habeis sentido las amarguras de un negro hado y desgraciada estrella que os guie por tortuosas sendas y os haga desgarrar vuestras mas dulces ilusiones. Es porque nunca habeis sentido con toda su plenitud la ruda mano de la desgracia. Yo si que puedo daros una idea del sufrimiento.

—Lo escucharé gustosa, siendo muy dichosa en oiros.

—Ya que sois tan bondadosa en escucharme, os diré. La desgracia es algo que se introduce en nuestra alma, destrozàndola un acerbo dolor inmenso mas que el espacio, amargo mas que la hiel de una saeta envenenada, que penetrando en nuestro cora-/

[p.] 56
zon, lo llena de dolorosos latidos y amargas sensaciones, que carcomiendo nuestras fuerzas intelectuales y materiales nos reducen á la inaccion.

Porque cuando un hombre es desgraciado, se cortan casi todos los recursos en la vida. Es cobarde ante la desdicha, él antes en la felicidad fuerte y orgulloso, opera en nosotros la desgracia, singulares metamòrfosis.

—Os doy las gracias por vuestra amable complacencia, pero creedlo, tambien he sufrido y he sentido, si, algunos de esos terribles sìntomas, que son amargos por cierto.

—Y como! quién ha podido ocasionar pena à vos que debian respetar hasta los mas malvados, quién puede entristecer vuestro angelical semblante, quien empañar el brillo de vuestros ojos? debe ser un réprobo, aborto del infierno.

Creed en mí un amigo sìncero que harà cuanto sea posible para desvanecer esas pequeñas nubes que anublan vuestro alegre y risueño porvenir.

No sabeis de cuanto soy capaz de hacer; creedme, venceré los mas grandes imposibles. Solo por merecer una

---

[95] Vulgarismo por 'verter'.

señal de haberos complacido me consideraré un atleta para luchar con las mas jigantescas columnas, que se me opusieran para salvaros de cualquier peligro, y llegar hasta vos, y mereeer[96] vuestra sonrisa y un poco de afecto. Porque somos egoistas, y no hacemos casi nada sin recompensa, es preciso tambien que algo nos toque. Pero creed y contad conmigo como uno de vuestros fervientes admiradores, creed soy capaz de lo mas grande: ya lo vereis.

—Por el instante me limitó[97] à solamente agradeceros; gracias.

[—]Quisiera poderos demostrar cuanto haria por merecer vuestro am...... cariño, dijo con voz entrecortada.

[—]Pero me habeis dicho que sufris, quisiera hacer algo yo por aliviaros, aunque sea ayudaros à sufrir.

—Oh! señorita, podriais hacer tanto en mi favor cuanto nadie es capaz de comprenderlo.

—Hablad.

—Pues bien podriais ser para mì el ànjel tutelar, el puerto que me salvara de los furores del impetuoso torrente. En fin podriais

[p.] 57

amarme, unir vuestra existencia à la mia como à la sombra del árbol.

[—]Podria tomar como ofensas pero no lo creo lo hayais dicho en ese sentido, debo contestaros que me parece que hay alguien que con justos derechos puede reclamar vuestro completo cariño.

El se quedó como herido de un rayo y apretàndose la frente, esclamó con desgarrador acento:

---

[96] (E) por 'merecer'.
[97] (E) por 'limito'.

—Cuàn infeliz soy, Dios mio! debo acabar. [98] con esta mi desgraciada existencia.

—Os suplico calmeis vuestra desesperacion, dijo con consolador acento Alicia.

—Nunca puede haber dicha en mí léjos de vos, no lo creais, imposible.

—Yo sé que á quien amais merece todo vuestro afecto.

—Es un ànjel!, pero nunca podria quererla como à vos. Es una simpàtica criatura, pero no me inspira lo que vos; yo la conozco y necesita un corazon que la sepa comprender.

Pues es la sensibilidad y dulzura por esencia.

Pero sobre mí no ejerce la influencia que vos.

—No, nunca la debeis olvidar, dijo ella con marcada emocion.

—Olvidarla jumás[99], la quiero como à mi hermana, pero no con la clase de cariño que siento hàcia vos. No, nunca he de sentir celos del hombre que la prodigue ó inspire amor.

Nunca mi corazon late al acercarme à ella, ni sentiria disgusto hàcia à quien llame su esposo, al contrario, le apreciaria si la quiere á ella en realidad.

Pero à vos es muy distinto, tengo celos del aire que recibe vuestro aliento, de los céfiros que acarician vuestro rostro blandamente, tengo celos de quien os dirije la palabra.

De las flores por que de ellas aspirais su aroma.

De quien os habla, pues me parecc[100] que me roba vuestras dulcìsimas miradas que solo mias deberàn ser.

De las flores por que creo que absorven vuestro cariño. De los céfiros pues me parece que murmuran à vuestro oido palabras de amor. Aun de las armonìas, pues creo me roban emociones vues-/

---

[98] El "." es (E).
[99] (E) por 'jamás'.
[100] (E) por 'parece'.

[p.] 58
tras, que solo yo debia inspiràroslas. De todo por fin, pues creo me roba partículas de algo que solo debia ser mio completamente.

—Calmaos, calmaos, creed me inspirais bastante afecto. Pero no, nunca seria capaz de quitárselo à quien es de esclusiva propiedad. Nunca me conformaria de hacer desgraciada à quien debe ser feliz. Nunca cooperaria à un sacrilejio. Jamàs, no lo creais. Olvidad ese sentimiento y pagad à fuerza de cariño à quien ofendeis con estas palabras. Olvidad para siempre, y seré dichosa en veros y saberque[101] haceis feliz à quien esacreedora[102] á ello. No os pido mas sino que me conteis en el nùmero de vuestras mas francas y puras amigas, que nunca os olvidarà, agradeciendoos vuestros nobles sentimientos.

—No, nunca podré ser feliz con eso, no puede ser, imposible, necesito que ameis. No podré nunca querer à otra que vos, horrible tortura para mi seria el que amaseis á otro, moriria de dolor. Me mataria, os lo juro.

Tristìsima sonrisa errò por los làbios de Alicia, sus dulces facciones se oscurecieron; la desconfianza penetrò en su alma. Esas mismas palabras habia oido á Octavio.

Y la habia mentido y la habia engañado. Y la mentia segunda vez. Pues al instante de él haberse escusado, ella le habria creido como era inocente y le queria tanto cifrando toda su dicha en él.

Pero ahora se veia abandonada y olvidada por una vieja, execrable y fea. Asi es que al oir esas palabras, dudó [:] no tenia bastante tino para comprender el verdadero acento de la verdad.

Ay! es tan dificil comprenderlo, que la mas diestra suele caer en las sinuosidades de ese movedizo terreno.

---

[101] (E) por 'saber que'.
[102] (E) por 'es acreedora'.

La verdad de esos juramentos jeneralmente es como un edificio sobre arena, que al menor vientecito se desploma.

Y habrá aun almas incautas que pongan sus creencias y estriben en ellos su felicidad! Desgraciadas, dignas de compasion! ellas se lanzan en ese mar proceloso y ajitado cual fràgil embarcacion sin remero. No saben que talvez antes de llegar al fin caeràn en un abismo insondable à causa de su confianza.

[p.] 59

Entonces pugnaràn por salir, pero se sumerjiràn mas.

Cuidad, jóvenes, no creais esos juramentos, esas promesas, mirad que son falsas, mirad que cuando os juran es vuestra ruina y degradacion. Reflexionad tranquilamente despues de oir, comprendereis cuan cierto es: temblad como ante un precipicio que se abre à vuestros piés para tragaros.

Vinieron visitas y quedò en ese estado la conversacion, ella conmovida por todos estilos, recien iba sintiendo los disgustos inherentes à la vida, habiendo oido casi con placer las palabras de Telémaco. Las decia con un acento de verdad tan sublime, que queria creer.

[p.] 60

### CAPITULO XVI.
**Alfredo, Erlinda y Diocleciano.**

Seguia el amable y seductor Alfredo visitando[103] en casa de Erlinda; todos, desde el primero hasta el ùltimo de la casa lo estimaban á causa de su bondad y recomendables maneras, Minerva lo queria como hermano, la señora Evanjelina lo distinguia mucho á causa de sus bellas dotes.

---

[103] Uso de 'visitar' como intransitivo.

Erlinda que siempre habia visto fijarse los espresivos y suaves ojos pardos del jòven en ella, no dejaba de quererlo tambien; nunca la habia dicho que la amaba. Cuantas veces las palabras habian espirado en sus lábios, pues un profundo respeto le contenia sin saber por qué!

Pero no necesitaban palabras, se habian comprendido, un mudo telégrafo se habia establecido con los ojos, se decian mas.

En sus miradas se comprendia la llama que ardia en sus pechos, cada una de ellas envolvia algo mas que un juramento pues eran verdaderas, se amaban recíprocamente con un amor puro y casto como el de los ànjeles.

Pero un dia Alfredo rompiò el silencio, y con pocas pero elocuentes frases, le pintò su pura y verdadera pasion: ella le confesó tambien cuanto lo queria.

Estando en lo mejor de sus coloquios, entrò la alegre y jugue-/

[p.] 61
tona Minerva, anunciándose al mismo tiempo una visita. Un rayo de impaciencia brillò en los ojos de Alfredo, pero una mirada de Erlinda lo apagó.

Era el hijo de un anciano amigo de la señora Evanjelina que recien llegaba de viajar, habiendo ido á completar sus estudios, habia visitado las principales ciudades del mundo.

Sabiendo lo que jeneralmente aprenden, todos los dias lo vemos..... A sacarse el sombrero dicen con elegancia:

Es decir, cien veces por segundo, asi es que al fin de la semana tienen que comprar otro, por estar en completo deterioro, so pena de tener que andar con el raido, y otras veces por no tocarlo marchan mas derechos que la estàtua de Guillermo Tell.

Pero que quereis, cuando menos han visto el Escorial, y porcion de otras maravillas, olvidando las calles de su pais, bailando rarísimamente, aun olvidan algo tan indispensable para el lujo, aunque no especificarlo de un modo particular, el nombre de ciertos vivientes que à causa de ellos jeneralmente tenemos una vez al año que deplorar desgracias.

Y todo porqué? porque llegan de viajar, habiendo visto y admirado cosas soberanas, comme il faut.

Pero nosotros que no hemos pasado del hospitalario y alegre Montevideo y no viage por gusto sino por fuerza á causa de la emigracion à que infinidad fuimos sujetos, nosotros que no hemos visto lo que ellos, tenemos que inclinarnos ante su sapientísima sabiduría. No hay mas remedio que oirlos y admirarlos.

Ved ahì las costumbres del viviente que acababa de penetrar en el salon de Erlinda.

Se llamaba Diocleciano, su figura era hermosa, sus blondos cabellos compuestos con la elegancia mas perfecta servian de fondo haciendo resaltar su preciosa fisonomìa. Sus picarescos ojos cual azabachinas[104] perlas brillaban, por do quiera se encontraban cuando estaba en un salon poblado de muchachas, imposible seria decir quien fijaba sus miradas, pues con la infatigable velocidad de la ardilla que se ajita, él miraba à todas, asi es que en un minuto las conocia, para despues prodigarlas profusamente sus galantes salutaciones.

[p.] 62

Asi es que con semejante mímica, conquistaba las simpatias de las mas bellas muchachas.

---

[104] El *RAE* no registra el vocablo 'azabachino'. No obstante, puede encontrarse en más de un texto castellano, incluso en autores de la talla de Quevedo: "Y no me culpe, mi reina, / Porque digo que no es caba; / Pues la caba pide cerca, /Y ella para cerca es mala; / Porque tiene las almenas, / Que son en otras de nácar, / Sobre ser azabachinas, / Como soldados, quintadas..." (Quevedo 462).

Pero desde que viò à Erlinda, lo entusiasmaron sus finos y amables modales, su perfecta educacion, su conversacion esquisita é històrica y amena, su singular belleza.

Del entusiasmo se trocó en admiracion, y asì sucesivamente fué hasta llegar à la mas vehemente pasion, y como cada dia encontraba prendas mas recomendables en ella, era locura é idolatría las que sentia Diocleciano.

La señora Evanjelina estimaba mucho al anciano padre, estendiéndose hasta el hijo, pues la madre de Diocleciano era ìntima amiga, habiendo perdido la vida cuando él nació, la señora Evanjelina le habia cuidado entonces, asi es que con razon lo queria, teniendo mucho gusto en volverlo á ver, pues hacia muchos años que faltaba del pais.

Diocleciano hizo comprender à su padre cuanto gustaba Erlinda: él se complació grandemente, pues queria mucho las hijas de su vieja y distinguida amiga.

Pero como sabia lo que era ser jòven, comprendia que las ilusiones pasan fugaces y tenia esperiencia de lo que es la vida por sus años. Le esplica à su hijo todo lo que era necesario para obtener el cariño de Erlinda. En una palabra le dijo que era preciso casarse con ella para poder aspirar à casarse con ella.[105]

Y pintàndole lo que encerraba la palabra casarse, y detallàndole las privaciones y obligaciones de un hombre que se casa, la fidelidad inviolable y hasta las pequeñas atenciones; en fin todo para que nada ignorase.

Diocleciano se quedó frio é inmóvil ante ese variadìsimo panorama, dibujado fielmente por su padre que le queria tanto. El le creyò todo y no pudo menos de temblar un instante ante tan soberbio peso.

Pero se acordò de Erlinda y todo ese negro celaje se desvaneció al recordar la anjelical y hermosa figura de la jóven.

---

[105] Frase sin sentido.

El velo de sus dudas sobre el partido que debia tomar se desvaneciò cual caen los negros crespones que envuelven al mundo al aparecer radiante de magnificencia y rodeada de bélicas y dora-/

[p.] 63
das gasas la risueña aurora adornada con los rubios y dorados rizos, conque su orgulloso hermano la engalana diario, mostrando altivo al mundo su querida.

Asì se le apareciò Erlinda y no escuchando mas que su ardiente fantasía, declarò á su padre que queria casarse con ella; el padre accedió gustoso y prometiò ir de allì à unos dias à casa de Erlinda à hablar sobre el particular à la madre.

El impaciente jòven no queria aguardar un momento.

Pero el padre insistiò, instàndole á ir á algunas casas de relacion donde aun no se habia presentado, y adonde encontraria bellas seductoras y coquetas muchachas, tuvo por no disgustar à su padre que hacerlo aunque con repugnancia.

Asistia por espacio de algun tiempo à bailes, fiestas, paseos y saraos.

Pero en ese bullicio se encontraba en mas soledad, pues solo hallaba ficcion, coqueteria, lijereza y vanidad.

Antes todo eso le complacia ò divertia, ahora desde que habia conocido à Erlinda, y comprendia de cuanto valor eran las bellas prendas que la jóven poseia profusamente, lo hastiaban é incomodaban que se consideraba desgraciado. Las coquetas le incomodaban de tal modo, que repetidas veces tuvo que abandonarlas por no poderlas sufrir.

Le servian de narcòtico las irreflexivas y superficiales palabras que usan, prudenciàndolas[106] solo por no parecer

---

[106] 'Prudenciar': americanismo. Arg. En autores como Adolfo Bioy Casares.

ridículo y sin educacion en las sociedades que estaba obligado à frecuentar.

Se acordaba de las positivas alegres conversaciones, selectas palabras é interesantes rasgos con que Alicia[107] amenizaba los momentos mas tristes, aunque cerca de ella no podian existir.

Antes de vencerse el plazo acordado por el padre, empezó à visitarla diariamente casi: se complacia sobremanera en oir la amabilidad con que la jóven contestaba las encubiertas frases que él la prodigaba.

Lo que puramente era cumplido, él lo atribuia à placer, lo que solamente era prudencia, él lo traducia à modestia, y asì se embriagaba mas y mas.

Hasta que al fin le declaró su pasion. Ella le contestó en /

[p.] 64
términos precisos y moderados. Para templar ese torrente próximo à desbordarse, él lo atribuyó à pudor, y renovò con mas fuerza sus manifestaciones, ella le respondia mas fuerte y cumplidamente, él lo creyó un pasajero capricho, y volviendo sobre la marcha, tuvo ella que espresarse en àgrios y categòricos términos que tal vez hirieron su amor propio.

Entonces él resolviò vengarse, el golpe habia sido certero, y se dirijió á su padre, para que espresara á la madre sus intenciones.

No tuvo el complaciente padre mas que objetar, é indicò á la señora Evanjelina las pretensiones de su hijo.

Ella que lo queria se alegrò mucho, é indicó à su hija quien la contestò con respetuosas palabras, significàndole no desear contradecirla, pero mostrándole tambien la no complacencia sobre el particular. La madre no insistió.

---

[107] No es Alicia sino Erlinda. Errata o errata de autor.

Pero à poco tiempo se presentó Diocleciano, esplicàndole con los colores mas patéticos y frases mas escojidas la vehemencia de su pasion.

Complació mucho á la señora Evanjelina, no acertando à descifrar la causa incomprensible para ella, porque su hija no queria à un joven de tan apreciables maneras y seductoras palabras, ante todo que la queria tanto segun sus palabras.

Y se dirijió por segunda vez á su hija, pero la jóven se negó obstinadamente, teniendo que sufrir bastante en contrariar à su querida madre.

[p.] 65

## CAPITULO XVII.
### La duracion de un juramento.

Telémaco desesperado, se dirijió al santuario à donde llevaba siempre la huérfana léjos del mundo, cual la càndida violeta se oculta en sus frondosas hojas, relegada al campo como la dama entre verde se pierde entre el espeso y verde follaje que la sirve de adorno.

Iban ya á hacer siete à ocho meses, cuando él se presentò en su retiro y octógona[108] morada que habia visto sin conmoverse pasar varias generaciones.

Encontràndola triste y solitaria deplorando su desgracia, mirando al campo.

Al divisarla desde léjos no pudo menos que compadecerse de la infeliz criatura que pàlida y triste se comprendia cuanto sufria.

Pero bien pronto la querubina y arrogante fisonomìa le apareciò antes[109] sus ojos serenàndolo completamente

---

[108] (E?)
[109] (E) por 'ante'.

con su mirada vivificadora, mas que la vìsta de una palmera al desfallecido y fatigado àrabe………

Acercàndose à ella casi con indiferencia, Ismene lo acojiò con la ternura de una hermana, sufriendo amargamente al acor-/

[p.] 66
darse que era él quien habia asistido à los últimos momentos del ser mas querido para ella en la tierra.

El la empezó á observar encontràndola siempre sumisa y condescendiente, muy complacida en su querida soledad, y no deseando abandonarla.

Telémaco no se atrevia à decirla nada, un no sé que lo detenia, y seria preciso tener el corazon de bronce para no conmoverse al ver aquella infeliz huérfana sola en el mundo, hasta que sacando fuerzas de su flaqueza, la dijo:

—Pensais siempre en realizar la promesa?

Constestàndole ella: Haré siempre lo que complazca á mi madre desde lo alto del cielo, y à vos tambien pues sois el encargado de velar por mí.

—No os disgustaria, si, sin dejar de ampararos, me casara con una mujer á quien amo y de quien tel[110] vez pueda ser correspondido?

—Yo ¿por qué razon os he de quitar vuestra felicidad, y la de quien os ame? me alegraria de veros dichoso haciendo votos por que lo seais. Cuanto tengo que agradeceros! contad con mi gratitud eterna.

—Entonces me podré casar sin contrariaros, es cierto?

—No creais que à mi pobre huérfana ya me contraria nada. Yo no os debo privar, mientras tanto yo rogaré porque encuentre mi hermano quien lo quiera verdaderamente.

El loco de felicidad la prodigò las mas afectuosas y fervientes gracias, diciéndola:

---

[110] (E) por 'tal'.

—Me haceis el mas venturoso de los mortales.

Pero repentinamente se acordó de que lo habia jurado à la moribunda, y sobre su funeraria tumba se anubla su frente, esclamando:

—Y vuestra madre, qué dirá si yo violo lo que la ofrecia?

—Ella! dijo Ismene, con los ojos empapadas[111] en làgrimas.

Ella sancionarà de lo alto del cielo vuestra felicidad.

—Pues bien, elevad vuestras preces al ser supremo para que me sea propicia mi estrella y me quiera el ànjel que yo adoro.

—Id tranquilo, os lo he prometido y lo cumpliré, vuestro benéfico hado os ha de favorecer, confiad.

[p.] 67

Un momento despues se despidiò de la tierna bondadosa, cuanto sensible Ismene, quadando[112] ella pensativa, y él marchándose alegre y feliz, creyendo ya ser amado de Alicia.

Soñando que ya la decia que era libre completamente, amàndola siempre con frenesí, y ya creia oir la venturosa respuesta.

Su ardiente fantasìa le presentaba la felicidad engalanada con sus magníficos y verdes prados esmaltados de aromàticas y brillantes flores.

[p.] 68

## CAPITULO XVIII.
### Un verdadero amor y una ficcion.

AL fin de algunos dias volviò Octavio à casa de Alicia, encontràndola pàlida é indiferente, estrañando

---

[111] (E) por 'empapados'.
[112] (E) por 'quedando'.

sobremanera, pues aun en sus miradas se leia un profundo desprecio, no sabiendo á que atribuirlo, deseaba indagar la causa, pero tuvo que reprimirse, pues estaba la madre. Un momento despues entró Alfredo é hizo imposible una esplicacion causándole bastante impaciencia.

En esto se presentoron[113] de visita las mismas amigas, en casa de las cuales habia oido lo primero, y en compañia de ellas habia visto lo segundo.

El al reconocerlas se quedò absorto, pues se acordó de haberlas visto ese dia que iba en compañia de Clemencia, recordando que en la casa adonde estaban, tenian motivos de saber su vergonzosa y criminal conducta.

El no sabia que Alicia tambien lo habia visto, no habiéndolo notado por estar ella al costado opuesto y hàcia adentro.

Pero se repuso con la maldad que le era peculiar, esperando de pié firme las consecuencias.

Mientras Alicia hablaba con la hermana menor y la señora que las acompañaba, la mayor se dirijió á él diciendole:

[p.] 69
—El otro dia os vimos pasar.
—Cierto, contestò él apresuradamente, iba en compañia de la respetable esposa de mi distinguido amigo.
—Nos habian dicho que era algo vuestro.
—Precisamente ni mi pariente es.
—Sabìamos la profesais mucho cariño.
—No os engañais, pues es una respetable señora à quien aprecio mucho, y son ambos acreedores à mucho mas; pues es ejemplar su conducta, todos los respetan y á mi me quieren como à hijo.

Estas y otras convincentes frases añadiò: la niña era muy jóven é inesperta, si bien comprendia el mal, no sabia

---
[113] (E) por 'presentaron'.

existiese tanta ficcion é hipocresía, asi es que al momento vaciló, participando sus dudas à Alicia.

—Tal vez mi amiga se haya engañado, la decia, perded cuidado, yo me he de asegurar de la realidad, pero os voy à decir con franqueza lo que siento.

—Decidlo, querida amiga, tù sabes cuanta amistad tengo por vos.

—Pues bien, me parece este hombre un gran hipòcrita, tratadlo con cuidado.

—Yo hasta hoy no lo habia creido, aunque he tenido algo porqué sospechar. Os acordais del baile?

—Si que me acuerdo, y eso robustece mis creencias, pero no importa, tratadlo con precaucion, y no lo hagais comprender que sabeis algo de eso.

—Veo que no se lo debo dar à comprender, hasta no estar perfectamente impuesta, porque sino seria una niñería. Yo tambien voy à buscar modo de saberlo en realidad.

—Es preciso tener paciencia, tú sabes que esas cosas no se pueden saber al instante. Yo os ofrezco positivas noticias, mientras tanto velad sus menores palabras y acciones.

Un rato despues ellas se marcharon, quedando Alicia triste y pensativa, teniendo que violentarse en poderse conducir con la verdad y sencillez que le era característica.

El habia comprendido que algo estraño se pasaba en Alicia y no dejaba su diabólica penetracion de adivinar la causa, pues la/

[p.] 70

conversacion de la otra jóven no le dejaba duda ninguna sobre el particular que habia sido.

Asi es que desde luego empezó à armar y confeccionar el plan para desvanecer tan fundadas creencias, y como sabia la influencia que ejercian sus palabras sobre la jóven, buscó argumentos con que él creia no errar, y espió el momento de poder entablar conversacion con ella. Parecia la suerte secundarlo.

Pues un instante despues se anunció una señora antigua amiga de la señora Herminia, á quien hacia largos años no la habian visto, pues recien llegaba de un viaje. Se alegraron recìprocamente y empezaron el relato de casi todo lo que las habia sucedido en el tiempo de separacion.

Octavio se contentó mucho, pues así pudo libremente trabar con Alicia conversacion, y quiso entrar en esplicaciones, pero ella las evitó lo mejor que pudo.

El no quiso tampoco hacerla comprender lo que habia adivinado, y hablando indiferentemente, la dijo:

—Si vierais cuàn amables personas son adonde habito y cuán respetables son, os complacerias.

—Me gustan las personas amables y bien educadas, porque ellas saben dar valor al bien y al mal, contestó ella.

[—]Ellos son justos apreciadores, amparando la virtud y ejecutàndola admirablemente, encanta realmente ver almas tan bien templadas.

Estas y otras palabras añadió, invocando hechos con fertilìsima sagacidad, capaces de desvanecer las mas fuertes y fundadas creencias, y demostrando su cariño con elocuentes y persuasivas frases, la adoracion y fé ciega que él tenia à sus palabras.

Diciendo tambien la veneracion que él profesaba à los vínculos sagrados y sociales.

Dibujando con singular maestria y realce de palabras el anatema que lanza la sociedad á quien las viola.

Y al ver que Alicia le oia tranquila, pensaba que se habrian desvanecido las dudas que podria albergar, y eso lo daba mas valor para seguir adelante, persuadido de la inocencia de la jóven.

Ella casi lo creia, aunque siempre dudando hasta saber lo

[p.] 71
real, él se retiró satisfecho y meditando negros planes para mas adelante.

Infeliz niña inesperta! no conocia ese feroz caràcter de cuanto era capaz.

Cuantas veces nos hallamos cerca de hombres que cual *pantera* escondida que acecha el momento oportuno para saltar sobre su presa, asi ellos tambien acechan nuestras menores inflecciones y movimientos para sacar el partido posible que ha de redundar en desgracia y perjuicio nuestro.

E incautas tal vez los miramos con amistad y cariño, porque aunque comprendamos[114],
 *Y cuantos no ignoran que el rayo va á caer sobre sus cabezas!*

Tenemos que contemplar por desgracia, todo coopera..... hasta las reglas sociales....... Y hay que marchar con pisadas de plomo de temor de no resbalarnos y caer sin comprenderle casi.

Cuantos miramientos por el buen tono y cumplido!

Hermoso fantasmon vestido cual la mentira de la fábula, pero que sirve para tras de esos dijes y galas ocultar la mas espantosa avidez, miseria y despeñaderos profundos adonde caen los inespertos.

Es preciso sondear todo en la vida desde léjos, para acercarnos.

Porque hay cosas que son cual esas redomas que al destaparlas alguno que ignora sus efectos, queda muerto en el instante.

Y que los sàbios químicos no se acercan sin sus cristalinas y compactas caretas, es por que ellos saben el mortìfero veneno que contienen.

Asi es preciso con esa cautela tratar à ciertas jentes en la vida.

---

[114]  Anacoluto.

Ella sufria mucho al ver claro su desengaño, su jóven corazon vertia sangre, y que en su fantasía, al oírle, se habia formado un riquísimo panorama.

Lleno de deliciosos verjeles, perfumes y armonìas.

Ella que habia soñado para él honores y dignidades que lo ele-/

[p.] 72

varan y ennoblecieran, y todo lo mejor para el que formaba su felicidad.

Pero desde que habia comprendido que la engañaba, compasion y desprecio sentia hácia él.

Y él por su parte meditaba con el mayor estoicismo, planes para sumerjirla en su maquiavélica idea, forjaba las tramas y tejidos mas diabòlicos.

Aquel malvado se sumerjia cada dia mas en sus vicios, marchando con la cabeza erguida y orgullosa.

No creia que una mano invisible tiraria al suelo sus castillos de cartas.

[p.] 73

### CAPITULO XIX.
**Una creencia errada.**

Diocleciano seguia siempre en sus pretensiones, no dejando un instante de instar à la madre redoblase las suyas cerca de Erlinda, y viendo no podia hacer nada.

Meditaba algo con que hacer sufrir à la jóven. Habia prometido vengarse y no lo podia conseguir.

Habia buscado modo de aislarla hasta de la madre, pero ella habia burlado siempre sus intenciones con su paciencia y templanza infatigable.

Pero él no abandonaba sus designios, y revelándose cual jénio del mal en torno suyo, pero con sus alas chamuscadas no podia alcanzar al jénio de la lealtad, ni al Dios de la prudencia, que con su dedo en la boca y en la otra mano el espejo con su raro adorno no lo dejaba llegar.

Pues cuando él fulminaba una diabòlica maquinacion contra Alfredo, este se presentó, pidiendo la mano de Erlinda á su madre. Ella objetó y puso inconvenientes.

Pero Alfredo los venciò, y no hubo mas remedio que dar su consentimiento.

Como era de buen corazon, y queria en realidad à su hijo[115].

[p.] 74

Diocleciano buscaba algo que poder hacer en mal de ellos.

Alma pobre y vil, no podia salir de su cìrculo estrecho y mezquino.

Las malas ideas nunca pueden ser vastas.

En los pechos políticos, si, aunque sean malas porque cuentan con varios colaboradores, y necesariamente cada uno con su idea les ensancha.

Pero en los hechos aislados y personales, no pueden tomar magnitud ninguna.

Y Diocleciano se revolcaba en su fango cuando supo la dicha de su rival.

Y cuando supo su pròximo enlace, tuvo que recurrir á sus viajes.

No dejando en sus pais sino recuerdos desagradables.

Mientras tanto Alfredo era completamente feliz pues dentro de muy poco se casaba con Erlinda.

Y al otro solo le quedaba el ridículo y el desengaño que debe ser amargo en todas sus faces.

Eso de verse desairado por otro, debe ser punzante.

---

[115] E por 'hija'.

Eso de saber que solo han de evocar su imàjen, para reirse y decir: Pobre necio é infeliz fatuo, debe hacer salir los colores al rostro.

El tener que humillar su orgullosa sien ante un capricho ù otro, debe hacer morir ó no tener pudor ni delicadeza.

En ese caso se hallaba ese pobre hombre.

Y hay quienes asì mismo, si se les muestra sonrisa, vuelven creyendo conquistar otra vez.

Desgraciados é infelices!

[p.] 75

## CAPITULO XX.
### La caridad tiene su albergue solo en los buenos corazones.

Ismene fué mas feliz desde que era completamente libre, pues aunque su voto habia sido por su espontànea voluntad, sin embargo ella solo habia accedido por hacer morir tranquila à su madre; queria á Telémaco como hermano solamente, nunca habia pasado por su imajinacion la idea de casarse con él.

Asi es que al contestarle afirmativamente, lo hacia sin reflexion y en medio de su ajitacion, obra del momento únicamente.

Asi es que cuando fué libre, se consideró dichosa, pues se podria entregar esclusivamente á su dolor, sin importunos que la incomodasen.

Hasta que un incidente imprevisto la hizo completamente variar de ideas.

Viniéndola à distraer de su acerbo dolor, que si no, tal vez hubiera consumido y estinguido su existencia.

La señora Odila que era únicamente quien la acompañaba, era buena y caritativa, era parienta lejana de Ismene. Una mañana estaban juntas hablando, cuando se presentò un sirviente anunciando la llegada de un hombre agonizante que habian hallado en medio del campo.

[p.] 76
Todo lleno de heridas y despojado de sus vestidos, señal de haber sido asaltado por algunos salteadores.

Ellas al instante se dedicaron à preparar hilas, vendas y diferentes útiles, mandando llamar inmediatamente al médico y demas.

Llegó el herido, venia en brazos de varios paisanos, jentes que se distinguen por sus caritativos sentimientos.

Estaba cubierto de sangre que manaba de las horrorosas heridas de que su cuerpo estaba sembrado.

Lo llevaron á una cómoda cama, y comenzaron à aplicarle los remedios vulgares que se usan en esos casos hasta la llegada del médico.

La jòven no pudo menos que palidecer, apoyàndose para no caer, al ver las profundas y sangrientas heridas, y mucho mas al notar despues de limpiarle el rostro que estaba cubierto de sangre y polvo, que apenas podria tener diez y nueve años.

Su admiracion creció acompañada de lágrimas, al parecerle que el perfil del desconocido tenia cierta semejanza con el de su madre.

Ay! lo tenia tan impreso que creia verla.

El jòven permaneciò desmayado, tal vez la falta de sangre seria la causa, ò estaba moribundo.

Todas[116] se deshacian en conjeturas, ellas no dejaban un momento de prodigarle sus cuidados, cuando llegò el médico.

Una aclamacion universal lo saludó, llevàndolo como en triunfo hasta la cama adonde velaban Ismene y la señora Odila.

---

[116] (E) por 'todos'.

El médico despues de examinar el estado del herido, moviò tristemente la cabeza diciendo:

—Si no se opera un milagro, le perdemos infaliblemente. Al oir lo cual Ismene cayó sin conocimiento.

El medio[117] preguntò si era hermana... Contestàndosele que no, dijo:

—Esta clase de espectàculos no puede resistir la naturaleza jòven y nerviosa de esta niña.

Llevàndola inmediatamente á su cama presa de la mas violenta ajitacion.

[p.] 77

El médico cuan un ángel salvador repartia sus cuidados entre ella y el herido.

Ella à beneficio de varios remedios se restableció à poco tiempo, y quiso volver inmediatamente cerca del herido. Mas no se lo permitieron en vista de su debilidad, y que podria traerla graves resultados ese lastimoso y horrible cuadro.

La lama[118] de un puñal estaba introducida en el pecho del jóven. El puño tal vez se habria roto al intentar arrancarlo; su cuerpo cubrian otras heridas de no menos consideracion; un hachazo partia su cabeza.... Un par de pistolas se hallaron cerca de él.... Sus manos desgarradas y sangrientas atestiguaban haber sostenido feroz lucha mano à mano tal vez despues de haber disparado los tiros [.]

El médico estrajo con dificultad la lama, sin volver él de su desmayo.

Despues de curar y limpiar las heridas, le aplicaron varios cordiales. El al fin entreabrió sus lànguidos ojos, pero aun sin conocimiento, dirijiendo vagas miradas à su alrrededor, los cerró volviendo á su anterior letargo.

---

[117] (E) por 'médico'.
[118] "lama2. (Del fr. *lame*). 1. f. Plancha de metal" (DRAE).

Su estado inspiraba sérios cuidados, asì se pasó la noche, el médico velando à su cabecera, cuidando sus menores movimientos con la tierna y cariñosa solicitud que una madre espia las[119] primeros pasos de su hijo.

Dificil y noble mision que està reservada à ellas.

Ismene al otro dia consiguió un puesto cerca del enfermo, tristes y amargas làgrimas surcaban sus pàlidas mejillas al considerar el estado de aquel jòven en la aurora de su vida, duplicàndose al ver la estraña semejanza de la fisonomìa del jóven con su querida madre.

Pobre niña! todo la recordaba su desamparo en el mundo, y la inapreciable pérdida que habia hecho.

A ella la comisionaron despues para las mas delicadas curaciones por su tino y cuidado.

Dejémosla desempeñar esa mision evanjélica, que solo à los buenos corazones es dado comprender esos goces.

[p.] 78

## CAPITULO XXI.
### La vida del célebre Eudoro corre peligro.

Volò Telémaco al lado de Alicia, enajenado de júbilo à decirla que era completamente libre.

El mismo dia de su llegada por la tarde, se dirijió à la casa de Alicia, llevando en su rostro retratado el contento que inundaba su alma.

Esa tarde estaban madre é hija sentadas en el salon, Alicia leia una produccion de un escritor desconocido, la madre le decia:

—Atended, bien hija mia, mirad que eso encierra una moral y doctrina amena y perfecta. Ojalá de esos libros siempre estuvieren pobladas nuestras bibliotecas, la moral

---

[119] (E) por 'los'.

de ese libro se introduce en los jòvenes corazones fàcilmente como es tan fina y delicada.

La jòven contestó: Cierto madre mia, hallo en ese libro cuando lo leo algo inesplicable, las horas se me pasan inapercibidas[120], asi es que cuando lo veo llegar à su término, siento pena, pero cuando lo he concluido, quedo satisfecha.

En ese instante se presentò un sirviente anunciando al señor Telémaco.

Penetrò amable como nunca, pues era tan feliz desde que ya podia aspirar à la mano de Alicia sin inconveniente por su parte.

[p.] 79
Pero le hizo mal la mirada severa y respetuosa de la jóven, esclamando la señora Herminia al verlo:

—Hola, amigo mio! nos habeis olvidado[.] —He estado viajando, contestó él. —Viajando y no habeis venido à despediros de vuestras amigas que os quieren tanto, eso es mal.[121]

—Es que partí ese mismo dia de haber estado aquí por última vez. —Porque nos no lo participasteis?

—Fué obra del momento, y à mas no creia tuviereis la bondadosa induljencia de acordaros de mì.

—Nos debemos ofender de vuestras palabras, injuriais à la amistad, y no debemos perdonaros, contestò Alicia. En la frente de Telémaco brillò un sùbito rayo de orgullo, al ver que la hermosa Alicia habia tomado interés por él, y lleno de júbilo contestó:

—Soy uno de los mortales mas felices al considerar que os habeis acordado de mì.

---

[120] Por 'inadvertidas'.
[121] Este párrafo con defectos de puntuación posiblemente tenga varias erratas.

—Y podremos creer que de nosotras no os habeis acordado un instante, dijo la señora.

—Podria lisonjearme que hubierais formado mejor concepto de mí.[122]

—Habeis probado lo contario[123], contestó Alicia.

—Yo creo que no puedo; hace pocos momentos que he llegado. Me refiero à lo anterior.

—[124]Perdonadme esa falta, no ha sido por mi culpa, creedlo, dirijiéndole una significativa mirada à Alicia, que la jòven finjiò no comprender: y prosiguiò.

—A ese viaje fuì por la vida ò la muerte, en ese viaje estribaba la ùnica felicidad que existe para mí en la tierra.

—Me alarmais, esclamó la señora.

—No sé como agradecer vuestro amable interés, señora: es noble, hàcia un desvalido como yo, contestò él.

Pero por suerte he encontrado la vida, creo aunque me falta lo principal. Pero tengo fé en que mi negro hado cambia su obscuridad en magníficos rayos de luz y gloria, tal vez me equivoque lisonjeàndome demasiado, no hay mas remedio, la vida ò la muerte segun sea.

En ese momento se presentó Octavio y se hablaron cosas indiferentes, retiràndose Telémaco sin poder decir mas.

[p.] 80

Octavio se dirijia amablemente à Alicia....... cuando pasó el famoso Eudoro, marido de la interesante Clemencia.

No pudo menos el bueno y prudente viejo de quedarse admirado al ver à Octavio en una visita, y recurriendo à sus piernas, las estimuló diciendo:

—Còmo se va á contentar mi fiel Clemencia, cuando la lleve esa nueva, al saber que Octavio acorteja una preciosa

---

[122] Este punto y aparte figura como seguido en *A*
[123] (E) por 'contrario'.
[124] No corresponde raya porque continúa hablando el mismo personaje.

é interesante niña, porque no puede ser otra cosa, él es un gran pillo y de buen gusto.... Oh! si yo fuera libre como él no dejaria de serlo tambien, ya recordaria, ya se va à alegrar mucho Clemencia, como le queremos como à hijo, y en un instante llegó à su casa[.]

Clemencia salia apresuradamente, y al ver que era su condescendiente marido, esclamò:

—Creia que era Octavio. Contestàndola él:

—Creed que Octavio no dejarà la compañia en que està por nosotros, es preciso convenir que somos algo maduros, es decir, viejos, y que Octavio debe buscar infaliblemente la compañia de muchachas, quedando cerca de una lindìsima.

No habia concluido el paciente Eudoro, cuando Clemencia lo asaltó como tigra herida, diciéndole:

—Adonde està Octavio, adonde lo has llevado, insensato? No escaparás à mi furia.

E inyectàndose sus ojos de sangre, se alzó hácia él, que al mirarla, echò à correr por el jardin dando descompasados gritos diciendo:

—Mi fiel Clemencia, acometida de una[125] ataque de hidrofobia[126], me mata. Socorro, Socorro!

Ella redoblaba su carrera, dejando su vestido elegante de vuelos en los rosales del jardin, gritando:

—Adonde has llevado á Octavio? dímelo, por que si no me lo confiesas, te mato.

—No lo he llevado, gritaba el paciente Eudoro, acelerando su carrera.

—[127] No me mates en nombre del cariño que me has jurado, està solamente.... él quiso contener su violenta carrera, creyendo que su amable esposa se hubiese tranquilizado,

---

[125] Corresponde 'un'.
[126] Notable uso del término, que se aplica solamente a la rabia como enfermedad.
[127] No corresponde la raya, sigue hablando el mismo personaje.

pero al verla echando espuma por la boca, y la cara teñida de color de violeta, …. re-/

[p.] 81
doblò sus fuerzas…. pero no pudo mas, el miedo y el cansancio lo vencieron, y cayendo al suelo estenuado, esclamò:

—Matadme, si os place, pero yo no tengo la culpa, es él solamente que ha entrado.

—Porque lo has llevado, pícaro corruptor, que merecias que te quemaran? dijo ella deteniendo su ajitada carrera, y aseguràndole, prosiguió: En este instante dìmelo, por que sino este será el ùltimo tu dia de pérfida vida.[128]

—Oid con calma, soy inocente, y le contó como él lo habia visto ùnicamente.

Ella oia el relato echando espuma y la cara violeta, y despues que el condescendiente Eudoro acabò su relacion, ella dijo:

—Idos vos, sois la causa de todos mis males, y entràndose en su aposento prosiguiò:

—Pícaro ingrato, despues de mil sacrificios que he hecho por él, pagarme asì! Puede haber cosa mas inaudita que el andar luciendo con mis pesos? ya ajustaremos cuentas y veremos quien gana en el negocio.

Cuando menos anda haciendo creer que tiene gran fortuna, y para eso es mio todo lo que lleva puesto desde los pies hasta la cabeza.

Cuantos juramentos habrà hecho à la individua que acorteja, ella lo habrà creido al verlo tan bien vestido, ya se desengañarà.

Yo misma se lo diré sin que él lo sepa, y veremos si lo quiere tal cual es, á él no se lo digo por que lo và á negar, y como mi marido es un ente, y no es capaz de sostener lo que ha visto, no haré nada.

---

[128] Orden sintáctico notablemente trastocado.

Ella si que va à tener dolor de cabeza, esperemos.

[p.] 82

## CAPITULO XXII.
### Un casamiento feliz.

Llegò el feliz momento para Erlinda y Alfredo.

El dia nunca habia sido tan claro para ellos, nunca el bello rey de la luz hahia[129] hecho lucir sus rizos mas dorados, y los pájaros repetian melodías celestiales, modulando suavemente.

Alfredo se ocupó todo el dia de inspeccionar el arreglo de la casa que la destinaba soberbiamente compuesta.

A la tarde fué à casa de Erlinda; pasando unos momentos deliciosos à su lado que era su dicha.

Alicia se hizo amiga de Erlinda, y la acompañó todo ese dia. Las dos eran unos ànjeles, asi es que fácilmente se ligaron como tambien Minerva.

Las dos amables señoras, Herminia y Evanjelina, simpatizaron mucho.

Llegò la hora fijada para la augusta ceremonia, concurriendo varios parientes y amigos de ambas familias. Inútil es decir que uno de ellos fué Telémaco.

Eran las diez y tres cuartos, y todos ya estaban reunidos, aun el sacerdote.

Un momento despues cruzaron el salon tres ànjeles, Erlinda, Alicia y Minerva, yendo à sentarse juntas.

Las dos madres conversaban contentas al ver à sus hijas feli-/

[p.] 83

ces, que parecian haber bajado del cielo con sus blancas vestiduras y coronas de jasmin que esparcian suave fragancia.

---

[129] (E) por 'había'.

Fué Alfredo à colocarse al lado de Erlinda, ya llegaba el momento, se empezó la ceremonia.

Alicia estaba cerca de ellas[130] rebozando felicidad al ver à su hermano dichoso.

En ese instante apareciò Octavio, que habia sido convidado tambien; en su fisonomia se comprendia un no sé qué, parecia tener miedo de presenciar la ceremonia sagrada, pues se retiró à otra pieza con su amigo Osvaldo que lo acompañaba diciéndole:

—Qué tal, os parece bueno el casarse?

—Estàs loco.

—No[,] te pregunto tu parecer sobre el particular.

—Solamente te casaràs vos[131]. Yo perderé mi libertad! Dios me libre, no hay con que pagarla, díme si tù lo piensas hacer.

—Yo casarme, qué sucrilejio[132]! no me creias de tan mal gusto, pues si es para cuidarme, tengo sin eso quien lo haga con el mayor esmero. A qué sacrificar mi querida libertad, qué haria en consagrarme á una sola? mejor es à todas en jeneral.

—Ciertamente, no hay cosa que me disguste mas que las amortizaciones, por que desde que te casas te amortizas para las muchachas, todas huyen à quien por desgracia suya arrastra esa cadena.

Llegò la hora de partir, cada uno se retiró.

En el carruaje preparado para los novios iba Alfredo que conducia á Erlinda à su nueva morada, acompañándola Alicia y Minerva.

---

[130] Correspondería 'ellos'.
[131] Voseo.
[132] (E) por 'sacrilegio'.

[p.] 84

## CAPITULO XXIII.
**Una desgracia viene à hacer una felicidad.**

Vamos cerca de Ismene y el herido á quien conocereis por el nombre de Eteocle, lo encontramos ya completamente mejorado, gracias á los cuidados de la señora Odila é Ismene.

A poco tiempo de por primera vez haberse levantado, estaban sentados los tres una mañana en una habitacion que desde su puerta se divisaba todo el campo casi.

Eteocle estaba aun bastante pàlido, pero era de fisonomìa espresiva y hermosa, y dirijiendo sus bellos ojos hácia Ismene, que ya las rosas de sus mejillas parecian entreveerse, la dijo:

—Querida prima, era un dia bello como el de hoy, cuando llegué á Buenos Aires de mis viajes, ese mismo dia supe por un amigo que existia en el campo una parienta mia, hija de una hermana de mi madre, me dijeron que habia muerto quedando su hija sola en el mundo; pero tambien supe algo de un juramento que la ligaba à un hombre hecho en la hora de la muerte de su madre, que os acordareis que al preguntàroslo, hace algunos dias me lo habeis prometido decìrmelo.

Ismene hizo una señal de asentimiento, y él prosiguió:

—Aun cuando eso no pude menos de desear el conoceros, y á pocos dias emprendi la marcha hácia adonde supe os albergabais.

[p.] 85

Iba meditando por un camino solo el hallaros tal cual os he hallado, en mi pensamiento formaba un idealismo que se ha convertido en realidad.

Ya venia cerca segun las señas que traia, cuando repentinamente abro los ojos y veo à una distancia de diez pases á una cuadrilla de facinerosos, que se me acercaban pidiéndome el dinero y reloj. Ya me iban à agarrar cuando yo eché mano á mis pistolas diciéndoles:

—El primero que se acerque pierde su vida. Entonces viendo podia hacerles alguna resistencia, trataron de sorprenderme por detràs.

Pero yo estaba prevenido y decerrajé un tiro al que lo intentò, que cayó muerto. No me gusta matar pero era preciso.

Entonces el que parecia ser jefe, se avanzò sobre mí, disparé el segundo pistoletazo, aunque ya tenia varias heridas que me habian alcanzado à hacer con sus sables ó espadas.

Entonces senti un acerbo dolor en el pecho, y estrechàndome me descargaron una lluvia de garrotazos, que cai sin sentido al suelo. Ignoro lo demas, pues no me he despertado hasta estar en la cama en que por vuestras bondades me habian colocado y rodeado de cuidados. La casualidad ó mi feliz hado me ha conducido à vuestra habitacion.

—No podeis figuraros lo contenta que voy en que os hayan conducido aquí, ya que vuestra desgracia os ha conducido por un camino adonde casi habeis hallado la muerte, le contestò con visible emocion Ismene.

—[133]Agradeciendoos vuestro noble interés por la desamparada huérfana.

—No es desgracia, querida prima, desde que me ha conducido cerca de vos, de lo que soy muy feliz.

—Yo tambien soy dichosa en conoceros, pero hubiera querido y mas feliz hubiera sido en veros llegar sano, porque al veros en ese estado, creed, sufrimos horriblemente.

---

[133] No corresponde raya. Sigue hablando Ismene.

—Comprendo que vuestra sensible alma habrá sufrido mucho, aunque me considerabais un desconocido.
—Cierto, pero un vago presentimiento me indicaba que no lo erais, sufrì mas de lo jeneral.

[p.] 86
—Dicen que el corazon penetra todo, y él tal vez seria la causa.
—Puede que eso haya contribuido, pero lo que me hizo sufrir un golpe mas fuerte, fué al notar la semejanza rara en vuestro perfil y el de mi querida madre, al observar eso una cosa indefinible pasó por mis ojos, quitándome la poca fuerza que me quedaba despues de la fuerte emocion que sufrí como era muy natural al veros en ese estado.
—Ahora si que realmente siento el haberos hecho sufrir tanto, yo que debia haberos venido á alegrar; mi visita solo ha servido para haceros pena.
—Ya eso pasó, es preciso olvidarlo, creed que soy muy feliz en veros restablecido.
—Os agradezco infinito, y creo me considerareis como uno de los parientes que mas os distinguen.
—Si os considero mi hermano, porque es preciso que lo seais, pues sabeis que soy sola en el mundo.
—Contad que nunca tendreis otro mas fiel.
Dos cristalinas làgrimas rodaron por las terzas mejillas de Ismene, y dándole las gracias, le dijo:
—Cuento con vuestro apoyo.
—Pero à propósito, contadme esa promesa, dijo Eteocle.
—Es doloroso para mì acordar momentos tan desgraciados, pero os voy à complacer.
Ismene empezó à referirle en los mismos términos mas ó menos, lo que ya saben nuestros lectores. Cuando llegó á la última visita de Telémaco, las facciones de Eteocle se inundaron del mas puro y vivo sentimiento de gratitud, y esclamó:

—Bendigo al cielo que me ha hecho encontraros libre porque si no, creed que sino, no seria tan contento y feliz al ver que ya no erais casi mi parienta, en fin, no me hubiera complacido. Os parece un pequeño paseo? creo me harà bien.

—Vuestras fuerzas son tan débiles aunque tal vez os haga mal, contestó Ismene.

—No, yendo despacio y apoyado en el brazo de la amable y/

[p.] 87
bondadosa soñora[134] Odila, conozco que reanimará un poco mis fuerzas, y como el tiempo està tan bueno.

—Pues bien, entre las dos os llevaremos, dijo Ismene ofreciéndole su brazo, al mismo tiempo que la señora, y salieron à dar una vuelta.

En pequeños paseos y conversaciones se pasaban insensiblemente los dias, rápida era tambien la curacion de Eteocle.

Son las diez de la noche, penetramos en su cuarto, él estaba ya en su cama sentado, y reflexionaba diciendo:

—El corazon me dice que seré feliz, casàndome con Ismene; soy libre de elejir à quien quiera, à Ismene la he querido desde que la he visto; nunca he distinguido á mujer ninguna, ella es la primera, tambien ella me quiere aunque es solo por el parentesco, pero no deja de ser mucho adelantado.

Como es tan dulce y amable ha de acceder, y como la quiero tan verdaderamente, creo à ella le ha de suceder lo mismo.

En el instante que me halle capaz, voy à decírselo.

Cuan dichoso seré al lado de ese ànjel de virtud y sensibilidad!

---

[134] (E) por 'señora'.

Infeliz! sola sin tener un apoyo en el mundo, huérfana!

Yo tampoco tengo padres, y yo mas desgraciado, pues ni aun los he conocido; mi padre murió dias antes de yo venir al mundo, y mi madre poco tiempo despues.

Asi es que me he criado solo, sin los dulces cuidados de una madre, y sin los cariños de un padre. Nunca, pobre de mí! escuché esas modulaciones tiernas y suaves.

Asi es que si Ismene consiente en casarse conmigo, serà la primera y única amiga que conoceré.

Es preciso que me quiera, porque sino sufriré mucho y acabaré por desesperar.

Ella no tiene apoyo en la vida, ni yo tampoco, asì es que nos prestaremos mútuamente fuerzas, y cual dos jóvenes arbolillos, que en una árida llanura crecen juntos, prestàndose recíprocamente la sombra que fertiliza sus raices.

Asì ya no tendré miedo à eso que se llama mundo, dos ya podremos sus furiosos embates resistir.

[p.] 88

### CAPITULO XXIV.
**Venganza de una alma noble.**

Habian pasado pocos dias al casamiento de Erlinda y Alfredo, cuando se presentó una de las amigas de Alicia en su casa diciéndola:

—Todo lo que habiais oido de Octavio es completamente cierto, y aun hay mas que os lo contaré para que os cercioreis y comprendais la maldad de ese infame.

Y le relató la escena del jardin y la mayor parte de palabras que habian sido vistas y oidas por ella misma.

Pues daba la casualidad de conocer en una casa al lado, y cuando esa escena sucediò, ella se paseaba con otra en la azotea, y á mas sabia todas las demas particularidades por personas que la merecian entero crédito.

Alicia no sufrió nada à semejante golpe como era de esperarse, pues ya le despreciaba.

Y esa tarde recibiò noticias que la confirmaron completamente en las anteriores, no dejàndola ni una partìcula de incredulidad.

Asi es que esperó fuerte y tranquila una esplicacion, que llegò muy pronto, pues un dia que él la hacia protestas y juramentos

[p.] 89
reprochàndola su indiferencia, ella lo miró sériamente, y con severo y ofendido acento ledijo[135]:

—Hacedme el servicio de no volver mas sobre ese particular.

—Porqué me lo decis? ignoro la causa de esas palabras, esplicadmela.

—Pues bien, le dijo ella: os pido no volvais á mi casa, pues no sois digno de pisar nuestros umbrales.

—A mi que os quiero tanto, teneis valor de decirme eso? deben ser muy fuertes causas las que os dictan esas palabras, contestò él. A mì el hombre que mas os adora y que solo desea vuestra felicidad, decidme por Dios la causa, no sabeis todo el mal que me haceis para eso, matadme mas bien.

—Pues bien, ya que quereis y sois tan vil, os esplicaré las causas que me obligan à decìroslo, son fuertìsimas[136], juzgad mi ofensiva hàcia vos, habiendo visto vuestra depravada conducta; habeis querido burlaros de mí y engañarme, todo lo sé completamente, todo, entendeis?

El por el momento no supo qué contestar, reponiéndose iba à hablar, pero ella lo interrumpiò diciéndole:

---

[135] E por 'le dijo'.
[136] Usual en la Argentina. Por 'fortísimas'.

—Callaos y escuchadme, sois un cobarde infame y vil que tendeis vuestras redes para hacer à caer à jóvenes inespertos[137], para despues divertiros con vuestros desgraciados compañeros.... Sé á quien quereis, y tambien por qué, miserable! si no teneis, trabajad....

El la escuchaba atònito, no comprendia aquella niña tan tìmida con la enerjía y fuerza que lo hablaba. Ella prosiguiò diciendo:

—Quitaos de mi presencia, que deploro ciertamente mi desgracia en haber querido y albergado en nuestra honrada sociedad un ser tan vil y bajo.

—No alcanzo á comprender si es cierto lo que me decis, cuales son las pruebas que teneis para hacerme esas acriminaciones.

—No debo manchar yo mis lábios con las palabras que necesito para esplicarosla. Idos y no volvais, porque me avergonzareis, id en la creencia que todo lo sé, todo sin escepcion[.]

—Serà por que quereis à otro, cuando ya à mi me lo habeis prometido, y para libraros apelais à eso.

[p.] 90

—Ojalà antes hubiera sabido distinguir, hacedme el favor de marcharos para siempre y no volver cerca de mi.

—Bien, me marcharé, pero cuidado que tal vez os pese demasiado.

—Aun os atreveis à amenazarme, no teneis la menor sombra de delicadeza, id que no temo vuestras amenazas, pertenezco á una esfera mucho mas alta que vos y que no alcanzais, comprendeis?

El levantàndose furioso la dijo: Temed mi venganza, y saliò desesperado viendo que se le escapaba. Alicia lo viò salir con calma, y despues esclamò:

---

[137] Corresponde 'inespertas'.

—Gracias, oh Dios! que me has librado de ese mal hombre.

Y él se dirijiò a casa de Clemencia, ébrio de còlera y vomitando inprecaciones horribles contra Alicia.

—[138] Miserable! si Clemencia hubiese aparecido en ese momento, hubiese tenido que sonreirle.... Ella lo pagaba...

[p.] 91

## CAPITULO XXV.
### El premio à la virtud.

EL jóven Eteocle, al cabo de algun tiempo, se habia declarado à su prima, ya estaba completamente bien.

Una mañana que ella regaba sus plantas, él se apròximò diciéndola:

—Querida prima, yo os he amado desde que os conocí, cred que os quiero mucho, me parece que vos me quereis como hermano, ved sino es mejor que os caseis conmigo, contad que mi cariño es puro y verdadero. Examinad vuestro corazon, y ved lo que contestais, si quereis à vuestro hermano, no me vayais á confundir con otras, y creed que si no aceptais, me hareis muy desgraciado por todo el resto de mi vida. Nunca he amado á mujer ninguna, y ahora os quiero sériamente.

Ella le contestò: Mi carácter es tan melancólico que entristece à cuantos rodea, yo comprendo me quereis y que en vuestro corazon no se alberga maldad, vos sois bueno y cariñoso con todo el mundo; como no lo has de ser con la desgraciada huérfana? sin embargo de comprender todo eso, dejadme reflexionar un poco de tiempo.

El le dijo: Sed bondadosa con quien os quiere mas que à su vida, y ella se retirò à su habitacion.

---

[138] No correspode la raya. La exclamación pertenece al narrador.

[p.] 92

Pasò esa tarde Ismene en su cuarto, examinando su corazon y reflexionando maduramente sobre el particular, ella lo queria mucho desde que supo que era su pariente tan cercano. No habiendo adivinado la clase de cariño que hàcia él sentia, creyendo solo ser por los vìnculos de sangre que la unian.

Pero ahora que examinaba en el fondo de su corazon, veia realizada su ilusion en llamarlo su esposo, y venia à comprender que lo queria realmente, y desde que él la queria y ella tambien, porqué no realizarlo, que se oponia à su felicidad?

Ya no existia esa promesa que la ligaba à otro hombre, pues el mismo que la habia hecho la habia roto segun sus palabras.

Entonces qué tenia que esperar? Nada.....

Y se resolviò à aceptar, pues tambien ser amada de Eteocle, era su felicidad.

Y lo hizo llamar al siguiente dia á su habitacion en presencia de la señora Odila. Eteocle se presentò lleno de emocion; Ismene invitando á sentarse le dijo:

—Querido primo, vos sabeis que os distingo bastante, he reflexionado sobre vuestras palabras, las creo reales, y sino me equivoco, me parece que pueden constituir la felicidad de una jòven.

—Yo os juro, Ismene, que son positivas.

—No me jureis, mirad que los juramentos asi no tienen valor ninguno, no se necesita jurar para decir verdad.

—Cierto, dijo la señora Odila. Porque los malvados juran para hacer creer sus embustes.

—Pues bien, ya que no creis en juramentos, dentro de muy poco tiempo os probaré que es cierto lo que os he dicho y jurado, pero decidme si consentis en casaros conmigo.

—Si, tengo fé en vuestras palabras y acepto vuestra mano.

—Oh! gracias, me haceis completamente feliz, y muy pronto tendreis las pruebas inequìvocas de mi verdad.

Y se retirò á su cuarto lleno de ventura. A poco tiempo se vino Eteocle al pueblo, quedando en volver muy pronto.

Ella iba todos los dias à orar à la capilla dedicada à su madre, invocàndola sobre lo que iba à hacer, y pidiéndola consejo, oyendo una voz interior que la decia que seria feliz, y asì se pasaron los

[p.] 93

dias hasta que llegó Eteocle cada vez mas afectuoso y verdadero.

A poco tiempo habiéndose ya cumplido el luto, se celebró la ceremonia augusta en la capilla, adornándola con flores solamente, pues era su dada[139], y ella vestida elegante y sencillamente.

Viviendo felices y tranquilos siempre en el campo, pues ella no lo queria abandonar....

[p.] 94

## CAPITULO XXVI.
**El justo furor de Clemencia.**

Un rato hacia que estaba Octavio meditando modo de vengarse de Alicia, cuando recibió un mensage de Clemencia, pidiéndole pasara à su aposento, pues deseaba hablarlo, pero estaba enferma.

—Está bien, díle que ya voy, contestò al sirviente, y cerrando la puerta esclamó:

---

[139] Este vocablo se usa con el sentido de 'preferencia', 'gusto'. Se ha utilizado así también antes en el curso de la novela.

—Maldicion sobre esa miserable vieja, que al fin por ella es toda mi desgracia. Mujer indigna de estar cerca de las demas vivientes, a borto[140] del infierno.

Pero qué digo? si soy su esclavo, que triste y miserable es mi posicion, cuanta bajeza por mi parte! Un hombre jóven como yo! Ay! me desprecia un ánjel por vil y degradada conducta, y cierto que no deben mirarme à la cara las jentes honradas y decentes, y yo conozco mi posicion, y no tengo mas remedio que aguantar.

Y porqué? nada me liga à Clemencia, si se me antoja ahora mismo la abandono, y vivo feliz y tranquilo sin ese peso y crìmen.

Pero qué estoy hablando? mi exaltada fantasía adonde se remonta? Soy un loco! porque no me quiere y me ha despedido una muchacha, albergo esos gastados pensamientos de honradez.

[p.] 95
Son muy antiguos, no debo hacerles caso; me està mejor seguir engañando al mundo y burlándome de las muchachas que pueda, y tambien à esta vieja loca para que me dé oro, pues lo necesito para mis paseos, no debo albergar pensamientos de honradez que me arruinarian.

Y se dirijiò al aposento de Clemencia, hallándola muy mal pues la enfermedad de la nariz habia seguido causándola graves males interiores. Cuando Octavio se presentó á su vista, se puso ella roja de ira, gritando:

—Ingrato, miserable, traidor, audaz que me engañais, salid de mi casa inmediatamente, y la cólera le sofocaba la voz, habiéndola puesto en ese estado el cuento del inocente Eudoro.

—Qué es esto? dijo el aturdido por ese segundo golpe.

---

[140] 'a borto' por 'aborto'.

—Sabeis lo que es? que sé que andais de novio, luciendo y seduciendo muchachas con los vestidos que yo os he dado, y por lo tanto os ordeno salgais inmediatamente de mi casa, pues si quedais un minuto mas me moriré de rabia, canalla, servil, idos que me indignais.

Y él refrenando su ira y mostràndose sumiso y condescendiente, la dijo:

—Querida Clemencia, como podeis imajinaros eso de quien tanto os quiere?

—Mirad, Octavio, que yo soy mala y diabólica, pero no soy tan hipòcrita como vos, sois un miserable indigno de llamaros hombre.

Creis que no se sabe vuestra baja y vil conducta? si, todos la saben y os la reprochan, aun yo tambien pues veo que no me quereis, que me finjis, que todas vuestras palabras son embustes.

Porque lo único que vos ambicionais es el oro, el interés bajo y mezquino es vuestro principal mòvil. El la oia aterrado, todo en cuerpo y alma:[141] Si pudierais os venderiais, llevad desgraciado la ropa y dinero que tengais, salid pronto, pues sino os haré echar.

El salió fuera de sì derecho á un buque que le llevaba à desconocidas playas adonde ocultar su miseria y degradacion.

Ese mismo dia partió el bajel[142] transportado à lejanas riberas, su estrella y desgracia no le permitiò[143] la satisfaccion de vengarse de quien habia prometido.

---

[141] Los dos puntos (':') indican que sigue el parlamento del personaje. No es gramaticalmente correcto.
[142] Sería necesario un punto para que la frase adquiriera sentido.
[143] Corresponde plural.

[p.] 96
Ojalá esos desengaños le enmienden de su mala y viciosa vida, y reflexione arrepintiéndose de la equìvoca carrera que sigue.

Aunque los empedernidos corazones rara vez se ablandan, ojalà este malvado se reduzca...............

[p.] 97

## CAPITULO XXVII.
**La ilusion de Telémaco se vé realizada.**

A pocos dias volvió Telémaco à casa de Alicia, encontràndola siempre amable pero severa.

Su gozo llegò à su colmo, pues no habia testigos importunos y podia francamente hablarla, asì es que un momento despues de su llegada la dijo:

—Ahora, amable Alicia, puedo deciros sin tener entorpecimiento de ninguna clase, que os quiero cada vez mas y que tendré orgullo en repetirlo à la faz del mundo entero, pues soy libre completamente.

Ella que habia oido con gusto las primeras palabras de él, y que solo las habia rechazado por su honrado corazon, y ahora ella era libre, asi es que lo contestò:

—Cómo decis eso? y vuestra promesa no os acordais?

—Ya no existe, soy completamente libre.

—Libre vos! y no os ligaba un juramento à una jóven llena de virtud?

—Si, pero lo he roto con pleno gusto de ella.

—Que ella lo ha violado?

—No, yo la he confesado el estado de mi corazon, y no solo ha consentido en anularle, sino tambien và à rogar al cielo y à su madre por vos y porque me querrais, pues yo la he dicho, adoro à un ánjel, y no sé si tendré la felicidad de ser correspondido.

[p.] 98
—Qué alma tan noble y jenerosa! que ella no os amaba?

—Me quiere como hermano, y en los ùltimos momentos de su madre, no tuvo inconveniente en darme un si; pues eso tranquilizaria à su moribunda madre, pero ella al saber que hay alguien à quien yo amo con delirio no se opone à mi felicidad, al contrario hace votos por que sea dichoso.

—Qué virtud y abnegacion! incomparable jóven! tendrà un tesoro quien posea su corazon.

—Pues bien ya que ella es tan bondadosa que me vuelve mi libertad, vos debeis serlo tambien amàndome.

—Pero y podeis dejar de querer una jóven tan admirable como esa? No sois apreciador del mérito.

—Creo serlo, por eso os quiero, à ella la profeso el cariño de un hermano, pero decidme si me quereis.

—Siempre os he estimado, creedlo.

—Y es una simple estimacion lo que hacia á mì sentis? no me amais, decidmelo, tendreis valor para destrozar mi corazon? Sois ingrata, no comprendeis cuanto os quiero, no prolongueis mi amargura, ved que los momentos son preciosos.

—Pues bien, siempre os he considerado como un amigo franco y sìncero[144], y por eso os estimo, voy à ser franca con vos; yo queria à Octavio, pero él me ha engañado y mentido: todo el amor que hàcia él sentia, se ha cambiado en el mas profundo desprecio, solo compasion necesita, pues es digno al verlo tan miserable, eso ya ha concluido.

Vos sois digno de la estimacion de todo el mundo por vuestras bellas dotes, creo poseis un corazon bueno y sensible, mi madre os estima tambien, y creo no la disgustaria. En fin yo no puedo daros una definitiva repuesta[145].

---

[144] (E?)
[145] (E) por 'respuesta'.

—Gracias por todo, pero decidme si me amais y consentis en hacer mi ventura.

En ese instante se presentó la señora Herminia, él le pintò con sus positivas frases su cariño hácia Alicia, pidiéndole su mano que le fué acordada, siendo ella muy contenta, pues habia visto con disgusto á Octavio acercarse à su hija, dando su completo

[p.] 99

consentimiento á Telémaco, pues le consideraba un completo caballero.

A poco tiempo llegaron Erlinda y Alfredo, felices siempre. En cuanto se marchò Telémaco, la madre les participó complaciéndose ellas[146] grandemente.

Pues Alfredo habia sabido la mala conducta de Octavio, que las relatò à ellas que la ignoraban.

Alicia lo oyò con indiferencia, pues ya estaba curado su corazon, habiendo sido tan noble que no habia á nadie descubierto las faltas de Octavio.

Telémaco cuando llegó á su casa se encontró con una carta de Ismene que le participaba su próximo enlace con su primo Eteocle, relatándole todo sin escepcion.

El se alegrò infinito al saber que ella era tambien feliz, recibiendo el premio de su virtud.

El le contestò haciéndola saber cuan feliz era él tambien.

[p.] 100

## CAPITULO XXVIII.
### Conclusion.

Poco tiempo despues se celebrò fastuosamente el casamiento de Alicia y Telémaco.

---

[146]    Correspondería 'ellos'.

Llenando à todos de júbilo, pues él merecia el aprecio de todo el mundo.

Volviendo à aparecer en el salon por segunda vez los tres ànjeles con sus blancas vestiduras.

Viéndose claramente premiada la virtud.

Las dos señoras Herminia y Evanjelina se encontraron otra vez completamente felices.

Minerva siempre alegre y contenta poseia un bello corazon.

Erlinda y Alfredo siguieron viviendo completamente dichosos.

Como tambien Alicia y Telémaco.

Recibiendo el galardon que cada uno merecia por su perfecta conducta.

Pues siempre la honradez y recto corazon es premiada.[147]

Y la maldad confundida.

Minerva amaba mucho su querida libertad, y por nada la sacrificaba aun cuando la hicieran reflexionar. Ella decia:

Dejadme con mis queridos libros, pues en ellos consiste mi única dicha y felicidad.

[p.] 101

Entregàndose completamente à la literatura.

Viniéndose à hacer algo que la valió algun laurel, que loguardò[148] relijiosamente.

Tratando de aumentarlo y refrescarlo por su asiduo estudio, pues era su ambicion.

---

[147] Errores de concordancia.
[148] (E) por 'lo guardó'.

[p.] 102

## EPÍLOGO.

Han transcurrido cinco años á que han tenido lugar en Buenos Aires las escenas que vengo de narrar.

Y sin embargo si os acercais à la casa quinta adonde conocimos por primera vez al apreciable Octavio y su digna Clemencia no encontrareis nada que os haga acordar à sus antiguos dueños, pues hoy la habitan jentes completamente estrañas.

Es una de nuestras mas decentes familias[149], y en esas habitaciones viven y pasean ese jardin, y respiran esa atmósfera con confianza, ni por acaso adivinan con quien ha sido habitada, no saben que la respiracion de la anterior dueña y habitadora era veneno del que impregnaba todo cuanto estaba à su alrededor.

Pero no, el tiempo todo lo borra.

Una mañana estaba à la puerta de nuestro hospital de mujeres, el carro que sirve para llevar à su última morada à las infelices que no tienen con que pagar ninguno y que la caridad les proporciona ese.

A ese mismo tiempo en el cuarto de la portera estaban sentadas dos individuas esperando fuese hora de penetrar à las salas pues iban á visitar una desgraciada que yacia en el lecho del dolor.

[p.] 103

Cuando pasaron el pobre ataud perteneciente al carro cubierto con la mayor miseria, ellas preguntaron: Quien es ese cadáver?

---

[149] "familias decentes": véase nota 2.

Contestándole la portera, es una mujer que ha ocupado un alto puesto en la sociedad, y ya veis hoy el cortejo que lleva.

Pues bien, ella se ha labrado su infelicidad por sus vicios; era rica y vedla hoy.

Hace dos años que existe aquì de misericordia, pues se hallaba en la ùltima miseria, y fué recojida por piedad.

Padeciendo una horrible enfermedad, segun ella hacia tiempo ya de la que nunca pudo conseguir un instante de mejoria, pues siempre la ha tenido clavada en el lecho del dolor.

Y es la misma que la lleva à la tumba, desfigurándola horrorosamente, pues es en la nariz.

Cuando la caridad pública la recojió, encontraron frente à ella un hombre en una miserable cama muerto.

Preguntàndole à ella quién era, contestó:

—Es mi marido muerto ayer por falta de alguien que le cuidara é hiciera algun remedio que ha carecido de hasta lo mas necesario para la vida, y yo sino es la caridad, muy pronto le seguiré, pues estoy imposibilitada de moverme.

Habiéndose concluido á ella aquì y al cadàver à su ùltima morada, esa mujer se llamaba Clemencia y su marido Eudoro.

Las individuas se quedaron pensativas y horrorizadas, pero sonò la hora de penetrar y se dirijieron adentro.

Ahora que ya saben nuestros lectores el miserable fin de Clemencia, que por sus vicios se lo labró, pues existe una justicia invisible á quien no escapa nadie, vamos à su digno Octavio.

Cuando se embarcó fué con el designio de llegar al viejo mundo.

Arribò felizmente, pero cuando fué à buscar su tesoro que consistia en su bolsa, no la encontró como otro Eneas, buscàndola inútilmente, pues desapareció.

Y no hallàndose con recursos ò por mejor decir sin destino, por que al hombre honrado nunca le falta de que ocuparse decentemente, tuvo que recurrir al oficio de peon de los trabajos públicos.

[p.] 104

El que era buscado en las sociedades y engañaba y seducia à cuantas muchachas podia.

Siguiendo hasta hoy en la última miseria y vicios es tan despreciable que nadie lo mira.

Erlinda y Alicia son cada dia mas felices, igualmente que sus honradas y virtuosas madres.

Minerva sigue en su pasion fovorita[150], pues es la que tiene encantos para ella; ha tenido varios pretendientes jóvenes de gran valor y mérito, pues ella le merece por todos estilos, pero no ha aceptado, pues prefiere su estudio y libros.

Y qué se podrà decir de Alfredo y Telémaco al lado de seres tan perfectos? nada, lo dicho basta.

Y que de Eteocle é Ismene?...... Si son dos ánjeles de dulzura felices cual ellos en cielo, aunque ellos habitan en un verjel, en compañia de la caritativa señora Odila, granjéandose por su beneficencia las simpatías de todas las jentes de los alrededores.

FIN

---

[150] (E) por 'favorita'.

www.ingramcontent.com/pod-product-compliance
Lightning Source LLC
Chambersburg PA
CBHW020805160426
43192CB00006B/444